JN118109

治水神・禹王探求の 10 年

―治水神・禹王研究会創立 10 周年記念誌―

10 周年記念誌世話人会 編

目　　次

創立 10 周年記念誌の発刊を祝う

2022 年 7 月 6 日　治水神・禹王研究会会長　　植村 善博

　私たちの治水神・禹王研究会が誕生して 10 年が経過しました。今日まで無事に大きく成長し、多くの仲間と成果を増やしてきました。皆様と共に喜びたいと思います。

　研究会の始まりは 2010 年 11 月 27 〜 28 日、神奈川県足柄上郡開成町で開催された第 1 回全国禹王文化まつりです。ここで初めて日本で禹王について関心をもち、調査研究している皆さんが一堂に顔を合わせ、日本の禹王遺跡について語り合ったのでした。翌年から研究者集会を佛教大学で 3 年間継続して開催し、全国から多数の方が参加されました。また、2012 年 10 月 20 〜 21 日に群馬県利根郡片品村で第 2 回禹王サミット in 尾瀬かたしなを開催できました。このなかで、禹王遺跡の本を作ろうという目標ができ、出版に向けて皆さんが大奮闘してくださったのです。幸い、57 件の遺跡の特徴を『治水神禹王をたずねる旅』として人文書院から出版しました。その発行直後の書物を 2013 年 7 月 6 〜 7 日の高松市での第 3 回禹王サミット in 讃岐・高松に持込み、完売できたときの喜びは忘れられません。

　このような前史があっただけに、7 月 6 日夜の高松市のホテル「ルポール讃岐」の懇親会場で大脇 良夫さんが治水神・禹王研究会の結成を呼びかけられたところ、直ちに 60 名の皆さんが参加の意志を示してくださいました。こうして本会は産声を上げたのでした。

　その後、本研究会の活動を牽引し、支えたのは大脇 良夫前会長および浅田 京子前事務局長、そして酒匂川地区の皆さんの奮闘と協力のおかげです。また、2017 年の禹王サミット in 富士川には中国から禹跡行団の皆さんが参加され、邱 志栄さんを中心に紹興市の研究者らと禹王を通じての研究と交流が始まりました。2018 年 4 月には公祭大禹陵典礼への招待参加がかなえられ、大禹像に献花しました。2019 年 4 月から植村が会長を引き継ぎ、竹内 晶子事務局長を中心に京阪神の皆さんに支えられながら事務局の運営を進めてきました。しかし、2020 年 4 月の愛知大学での総会研究大会はコロナ感染症の拡大により中止を余儀なくされ、2021 年 4 月の総会研究大会は会場のハートピア京都とズーム配信の 2 面開催となりました。そして、今日までこれらコロナ禍への対応に追われてきたのが現状です。ウイルスの進化も早くオミクロンによる第 6 波パンデミック最中です。

　こうしたきびしい状況下、治水神・禹王研究会の歩みを記録し、現状をしっかり把握し、次の世代の皆さんに伝えつないでいきたいとの強い願いから創立 10 周年記念誌を編集しました。原稿を執筆くださった皆様に心から感謝申し上げます。

　ここでちょっと立ち止まり、記念誌を開けてみてください。ここには私たちの過去 10 年間の歩み、禹王サミットの熱気、活動の原動力がみえてくるでしょう。これらを糧にあすからの研究会の活動と運営に温故創新の精神を吹き込み、活性化させたいと念願します。私たちは早いスピードで移り変わる社会情勢に慎重に対応しながら、会員の皆さんの要望を受け止め満足いただける研究会の活動を進めて参ります。本誌編集にあたり、賀川 一枝さんに尽力をいただきました。記してお礼申し上げます。

　今後とも研究会へのご協力とご支援、そして叱咤激励をお願いしましてご挨拶といたします。

　治水神・禹王研究会の創立 10 周年記念おめでとうございます。そして、つぎの 20 周年をめざし力をあわせて前進いたしましょう。

第1章　禹王と出会う

相州松田名所　酒匂川上流堤防文命碑

2007年秋、札幌の古書店「絵葉書まつり（500円で、段ボールから手掴み）」で
大脇 良夫さんが探り当てた「相州松田名所　酒匂川上流堤防文命碑」の古葉書

5

全国禹王サミット誕生前夜

大脇 良夫

始まりは、足柄の歴史再発見クラブから

「禹王研究事始め」で触れるように、足柄の歴史再発見クラブ（以下クラブと略す）は、神奈川県西部・酒匂川の畔に居住するごく普通の市民の集まり（当時20人）で、足柄の郷土史をもう一度見直し、子どもたちにきちんと伝えたいという思いで2006年1月に結成されていた。この活動の中で、私は、あっ！と驚くべき史実に遭遇する。次の3点である。

1）酒匂川の治水神に中国の禹王が祀られていること。（南足柄市福澤神社文命東堤碑文　1726年建立）

2）「禹」の名が「文命」であったこと。（中国『史記』　B.C.91年頃成立）

3）鴨川にも禹廟があること。そして禹（文命）を治水神とする例は、鴨川、酒匂川を含め全国10河川、18カ所に及ぶこと。（京都府京都土木事務所とクラブの共同調査で2007年秋までに把握）

1）2）3）とも2006年秋から2007年末までに判明していたが、3）の各河川で遺跡を研究掌握している市民グループや研究者探しには2008年の1年間を要した。

10河川の禹王遺跡行脚で出会った人たち

明けて2009年春から、クラブは10河川の禹王遺跡行脚に集中する。10河川とは、南から㋐臼杵川、㋑太田川、㋒香東川、㋓淀川、㋔鴨川、㋕大和川、㋖富士川、㋗酒匂川、㋘片品川、㋙泙川で、地元㋗を除く9河川を5回に分け都合6泊10日間で巡る旅であった。クラブ側の参加者数は延べで34人、お会いした現地の方々は42人に及んだ。

行脚にあたり重視したことがある。地元の研究グループとの交流である。市民研究団体として、研鑽を深める上でのヒントや刺激を求めることに真剣だった。クラブの佐久間会長、特別会員の開成町露木町長（当時）はじめとして青春の気に溢

れていた。現地会合は、時に深夜に及びホテルの門限を逸したこともあったが、おかげで素晴らしい方々に出会え交流は今も続いている。当時、特に印象深いご教示を頂いた方々のお名前をあげておく。（　）内は、左が当時の役職。（敬称略）

㋐臼杵川：菊田 徹（臼杵市教育委員会文化財専門員、当会理事）

㋑太田川：福谷 昭二（広島県文化財協会理事、当会元理事）、池田 英彦（大禹謨建立者・池田 早人元町長の長男、当会理事）

㋒香東川：北原 峰樹（香川中央高校教諭、当会理事）、川添 和正（栗林公園ボランティアガイド）

㋓㋔淀川・鴨川：植村 善博（佛教大学教授、当会会長）、藤井 薫（水都大阪を考える会代表、当会元会員）、枌永 正光（淀川資料館）、諸留 幸弘（淀川資料館、当会監事）

㋕大和川：桝谷 政則（郷土史家）

㋖富士川：原田 和佳（鰍沢町社会教育係長、当会会員）

㋘片品川：大久保 勝實（片品村文化財調査委員長、故人）、宮田 勝（文化財調査委員、当会前顧問、故人）、大竹 将彦（文化財調査委員、故人）、笠原 信充（文化財調査委員、故人）、友松 真樹（片品北小学校教諭）

2009年5回に分け、6泊10日をかけた禹王遺

2009年8月16日、栗林公園のボランテアガイド 川添和正さん（左から2人目）と意気投合

跡の旅で得た宝物たち。これらが、やがて「全国禹王サミット」誕生に結実する。

「禹王」が生み出す親近感と連帯感。
初対面の緊張を感じさせない
不思議な同族意識

「あなたのところにも禹があるんですか？驚きです。日本各地には、どの位あるんですか?!」（菊田 徹さん）

高松栗林公園ガイドの川添和正さん曰く「大禹謨の話を、こんなに聞いてもらえたのは生涯初めてです！あなた方はいったい何者ですか？」と。聞き手の足柄メンバーも感激！禹を研究している熱い仲間は、足柄以外にも居るんだと。

栗林公園所長の江森 美恵子さん、副所長の高橋 司江さんも初対面から強烈な印象であった。江森さんの才媛とリーダーシップ。高橋さんのてきぱき行動力。このコンビに北原先生、川添さんの歴史力、発信力を MIX させれば何か凄い事業が出来そう。元々、行事力には手慣れたものであろうから、高松での禹王サミットは早々に開けそうだと手ごたえを感じた。川添さんは、81 歳の今も栗林公園のガイド役で活躍中と聞く（2021 年 8 月確認）。

太田川の大禹謨碑建立者池田 早人さんの長男・池田 英彦さんから、お父上の逸話を聞いた時、参加者（広島側：福谷 昭二さん以下 13 名、足柄側：佐久間 俊治さん以下計 10 名）一同感激した。

忘れ去られつつあった石碑に灯がともる
（よそ者からの刺激）

「遠く足柄の地から大勢の方が見学にみえられる。あるいは、少人数でも繰り返しいらっしゃる。これは、なんかあるぞ！見直してみよう」片品村はじめ富士川町、大和川、臼杵、広島から寄せられた感想であった。

中でも、片品村の食いつきぶりは際立っていた。片品村を初めて訪問（同行者：井上 三男さん）したのは、2009 年 12 月 11 日～ 12 日で文化財調査委員会の大久保 勝實会長と大竹 将彦さんが片品川と泙川の禹王碑を案内してくださった。

重厚な 2 つの遺跡に圧倒された夜の交流会の席で「篆書体の大禹皇帝碑の解読を独学ですすめている男がいます。今日は所用で居ないがその男（宮田 勝さん）が大脇さんに会いたがっている。13日には片品村に帰宅するので電話してくれないか」とメモを渡された。13 日に 3 時間位電話したが話は尽きず 2 日後の 12 月 15 日の 15 時に高崎駅前の居酒屋で会うことを約束した。

午後 3 時から深夜 11 時まで、大禹皇帝碑のことを宮田さん（同行者：大竹さん、笠原さん）から、酒匂川と全国の禹王遺跡について大脇が語った。もう、何十年も続いている親友同士のような語らいであった。宮田さんたちは、「大禹皇帝碑顕彰会」なる研究会設立準備中の由で意気軒高だった。結局この日は、高崎駅前のビジネスホテルに 4 人とも宿泊するに至った。

2009 年 11 月 29 日 広島 13 名、足柄 10 名が参加した最初の会合風景。ホワイトボードには席順とプログラムが記されている。左から大脇、福谷 昭二、佐久間 俊治。福谷さんが挨拶しているところ。緊張感があり、懐かしい

「全国10河川、18カ所に禹王遺跡あり」
の声に驚愕

「ぜひ、知りたい。現地を見たい」「他の地の禹王遺跡を見ることで、自らの地を見直すことが出来るのでは」（臼杵、高松、大阪、片品）

これらの声から、みんなを一堂に集め語り合おうという望みが沸々と湧き、抑えがたい気持ちになっていた。

第1回サミット1年前の2009年11月30日
大阪NHKロビーで叫んだ
最初の「エイ・エイ・ウオー！」

前述したように、2009年のクラブは10河川の禹王碑行脚に終始していた。富士川以西の関西地区に集中した。8月に香東川、臼杵川、淀川、鴨川を、11月に太田川、そして再び淀川を旅した。2009年11月30日、大阪城近くのNHKホール見学を終え一連の旅を振り返るひとときを持った。さわやかだが熱い数分間だった。各地の研究者の方々との触れ合いの絆が思い出された。

開成町から発信し全国の仲間が一堂に会し、思いきり「禹・文命」を語り合おうではないか。ついに、その時が来たのだ！

確かな手ごたえを感じた8人（露木、佐久間、小林、井上、大井、込山、山田、大脇）は、小さな円陣を組み「エイ・エイ・ウオー！」を三唱した。静かに高らかにである。

「第1回禹王・文命サミット in 開成」（仮称）
企画の決定

開成町に戻るや「全国サミット」開催の思いを各地の中心メンバーに打診した。

当時の各地区の代表者である、北から大竹 将彦さん（片品村）、原田 和佳さん（富士川）、藤井 薫さん（淀川）、江森 美恵子さん（栗林公園）、福谷 昭二さん（広島）、菊田 徹さん（臼杵）は、私から問いかけると皆さん二つ返事だった。「大賛成！いつやりますか？早くやりましょう。仲間をたくさん連れて開成町に行く。文命碑、文命宮を早く見たい」と熱いレスポンスに勇気づけられた。

これを受け、佐久間、井上、大脇の3人は、1年後の2010年11月27日（土）～28日（日）開成町で第1回全国サミットを行う基本プランを、開成町役場の露木 順一町長に申し出たのである。暮れ押し迫る役場業務の最終日（2009年12月28日）の朝8時だった。

「第1回」と称するものの、第2回、第3回の保証があるわけではなかった。しかし「我々が先頭を切れば必ずついてきてくれる」という手ごたえを感じていた。2番手には片品村。僅差で高松・栗林公園。次いで、広島と淀川。そして、臼杵が急激に追い上げ立候補してくれるだろう。だから「第1回禹王・文命サミット in 開成」のネーミングに疑念を感じる者はいなかった。

申し出を受けた露木町長から「町として最大限の援助を約束する」と即答頂いたあと、噛みしめるように語られた言葉がある。

「発足して3年の小さな町の民間歴史クラブの団体から全国に語りかける企画を提案頂けるとは！これまでの努力の積み重ねに敬意を表します」

「文命という足元の歴史を見つめ直し日本の各地、そして中国文化とのつながりを見出してくれました。日本の文化の形成に中国の影響があることを、日本人は目をそらしがちですが、治水神や禹王遺跡の存在は、具体的でわかりやすい示唆、教訓になるでしょう」

「中国の皆さんも、このことを知ったらきっと驚かれるでしょう。日中双方にとって素晴らしい再発見です。お互いの文化を尊重し合い本当の友好関係を築く土台づくりに貢献する一歩として、この企画を進め継続されんことを希望します」

これらの激励は、今も忘れない。胸がすかっとするお話であった。これは、そのまま第1回開成サミット運営の精神となったのだが、今も治水神・禹王研究会に根づき続いている精神と信じている。

2010年「第1回全国禹王（文命）文化まつり」から2019年「第7回全国禹王サミット in 海津」まで10年間の旅の詳細は、以下第3章で紹介する。

禹王研究事始め
― 神奈川県酒匂川と足柄の歴史再発見クラブ ―

関口 康弘

市民主導の歴史再発見

　開成町金井島に現存する古民家、名主瀬戸家の建物群の再生（注1）をきっかけに、地元の足柄の歴史と文化の再評価と、情報発信、交流などを目指す歴史研究団体をつくろうとの機運がおこった。2006年（平成18）8月であった。コンセプトは「市民主導の歴史再発見。官製的な文化財保護の視点ではなく、自由に歴史を研究し足柄地域の歴史や文化を自発的に発信する組織を目指し、行政と協働で歴史研究や文化活動にかかわる事業を実施、幅広い住民参加を促すこと」（注2）であった。2006年（平成18）1月23日、「足柄の歴史再発見クラブ」は発足し、メンバーは大脇 良夫、佐久間 俊治、露木 順一、瀬戸 良雄、小林 秀樹、関口 明美、関口 康弘、松尾 公就、他12名であった。

　当初の研究テーマは
①足柄地域の鉄の生産の展開
②宝永の富士山噴火と酒匂川氾濫と地域の人たち
③二宮尊徳の危機管理手法の見直し
④足柄地域における福沢諭吉の足跡
であった。

『足柄歴史新聞 富士山と酒匂川』発刊

　このうちの②について2007年が富士山宝永噴火から300年となることから、まずは②について重点的に進めていくこととなった。そのため情報発信と交流を標榜する会であったので、地域の小学校4年生以上の使用を考慮した冊子、平易で理解しやすく画像を多用した冊子の作成計画を立てた。この冊子はのちに『足柄歴史新聞 富士山と酒匂川』として完成し刊行された。出版後は、小中学校の郷土学習の単元や総合的学習の時間での活用を促進するとともに、会員による学校での出前授業の実施、また、自治会単位での生涯学習講座への出張講義を展開することとした。

　この冊子を作成していた2006年秋、大脇 良夫は2点の史料と出会った。1点目は足柄上郡役所庶務掛編纂『明治十二年十一月 神社明細帳』（神奈川県立公文書館所蔵　図1）である。史料文中に「神奈川縣管下相模国足柄上郡班目村字大口　雑社文命社、一、祭神　夏禹王　一、由緒　享保十一年丙午五月幕府隄坊普請奉行田中丘隅隄上ニ神祠ヲ設ケ祭神等ノ際雑沓シ自然ニ其隄土ヲ堅クスル奇策ニ依リ創立スト云、…以下略…」の記述がある。

　2点目は南足柄市班目、服部家文書である。史料文中に「…前略…此義外ニ類無之碑ニ而、日本ニニカ所也、西ノ文命与申ハ、京都加茂川之堤ニ

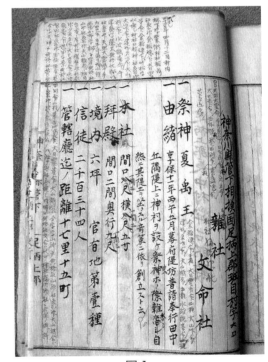

図1

有之を西ノ文命と奉唱、東ノ文命と奉申者、相（州脱カ）酒匂川之上、班目村大口ニ建立有之…後略…」（『南足柄市史』8 別編 寺社・文化財所収89号文書）とある。

　大脇は1点目史料により次のことを述べている。

「酒匂川の畔に建つ「文命社」の祭神は、夏の禹王と明記する神社明細帳（1887年 明治12）との出会いで、初めて夏の禹王を知りました。中国の治水神が酒匂川に祀られ続けていたことに衝撃を受けました。…中略…祭神 夏禹王という文字が読み取れます」（注3）。また2点目史料から「調査をしていくうちに、京都にも文命宮が存在していたという文書に出会ったのです。「西の文命は京都鴨川の堤にあり。東の文命は相州酒匂川の堤にあり（1849年 嘉永2）の服部家文書」です。鴨川にも文命宮が存在する！」（注4）であった。このような史料との出会いにより大脇の胸中で、文命宮を通じて酒匂川は京都鴨川、そして中国黄河につながっているとの意識が大きく膨らんでいった。

京都鴨川の堤から5カ所の発見へ

　早速、2006年11月5日、大脇は小林 秀樹とともに鴨川の文命碑の探索をおこなうべく、京都府京都土木事務所、京都市歴史資料館を訪問した。この訪問にあたり京都行政に明るい露木 順一（当時開成町長）の助言と照会があり、京都土木事務所では中居 隆章所長、中野 隆文技術次長、鴨川を美しくする会 杉江 貞昭事務局長と対談した。その時に大脇は、酒匂川文命宮の写真を提示しながら「中国の治水神に結ばれた鴨川と酒匂川です。今日からご親戚の間柄です。鴨川の文命宮は、どこに

ありますか！ すぐにご案内いただきたい」とせっかちに案内をお願いした。三人ともびっくりされた。中居所長さんが代表して「仕事柄、長年、鴨川の治水を研究していますが、中国の禹王や酒匂川の文命宮の視点は初めてです。新鮮で且つ国際的ですね。今、文命宮の存在をお答え出来ないが、もし確認できれば鴨川の防災にとっても画期的な提起になるので調査しますよ」と語られた」（注5）と記録している。

　さらに京都歴史資料館を訪ねた。事前に文命東堤碑文を送付し、碑文中の文言、「建神禹祠于鴨河」の神禹祠を調査している旨を事前に連絡してあり、対応はスムースであった。その回答（注6）は「京都に現存いたしません。過去の所在は文献で確認できるが、その所在地までは確認できません。1682年（天和2）黒川 道佑著『雍州府志』の記載（禹王廟など）は信頼できると考えます」とのこと、また「仲源寺（祇園町。四条通り南側）は神禹祠の跡に建てられたとの伝承が江戸期以降の京都にあり、酒匂川の碑文は享保期に書かれたものだから、碑文の選者の頭には『雍州府志』の記載と仲源寺の伝承とがあったのではと推察します」とのことであった。

　大脇は翌12月、2007年（平成19）1月にも京都へ調査に出向き、2月には大脇、小林とともに露木も京都土木事務所を訪れた。この調査の中で

2007年は研究成果が著書として形になった年であった。
左：『酒匂川の治水神を考える―京都・鴨川そして中国・黄河を結ぶ文化の架け橋―』（2007 大脇 良夫著）
右：『足柄歴史新聞 富士山と酒匂川』（2007 歴史再発見クラブ編）

鴨川、酒匂川以外にも神禹祠、神禹碑の存在が明らかになった。高松市栗林公園、大阪府島本町淀川河畔、群馬県片品村・同利根町（利根町は現在沼田市と合併。ともに利根川上流域）、大分県臼杵市の5カ所である。

地域の宝の掘り起こし

2007年（平成19）4月、大脇は早くも以上の調査成果を論考としてまとめ『酒匂川の治水神を考える―京都・鴨川そして中国・黄河を結ぶ文化の架け橋―』（注7）として上梓した。また、京都土木事務所の中居 隆章氏、中野 隆文氏が京都側の調査結果をもとに「文命堤碑異聞―鴨川の神禹の廟は何処に―」との題名で論考をまとめられた。

5月には足柄の歴史再発見クラブ編『足柄歴史新聞 富士山と酒匂川』が完成した。作成に当たり小学校高学年以上の地元地域史学習に活かしてもらうことを掲げたので、足柄上郡・小田原市内の小学校18校、中学校12校に配布した。この冊子刊行と配布を梃に足柄地域に治水神としての文命の存在、すなわち富士山の宝永噴火とその後の酒匂川の氾濫の事実と、これに苦闘した人々の生活について広く情報発信する場面が多くなった。6月には俳優 藤田 弓子夫妻が主催する劇団いず夢（伊豆の国市）から、富士山と酒匂川を題材に脚本を起こし、足柄地区で舞台上演したいとの打診が入っている。

こうした中で治水神禹王を介した中国との交流が始まった。8月16日、王 敏法政大学教授、何徳功新華通信社記者、張 煥利新華社世界問題研究センター研究員を文命西堤宮と碑、文命東堤碑に迎えた。対応したのは足柄の歴史再発見クラブの面々で、大脇、露木、小早川、佐久間であった。現地見学の後は開成町役場で碑文の内容や中国に古来より伝わる治水理論について意見交換を行った。王 敏教授は「文命宮は日本の鏡に映った中国の文化。現代でも残っているのを見て中国人も感激するのでは」（注8）と述べ、日中友好の懸け橋になることを期待するとともに、王 敏の研究テーマであった日中交流史研究の幅が広がっていく契機となった。

秋になると足柄の歴史再発見クラブ会員の出前授業が開始された。11月14・15日の両日、開成小学校4年生を対象に、社会科授業で酒匂川堤防や治水碑を訪ねるフィールドワークを行った。早速『足柄歴史新聞 富士山と酒匂川』を活用し、3・11以前では社会的にあまり関心が高いとは言えなかった防災教育を意識した授業を展開した。12月16日には開成町瀬戸屋敷にて富士山噴火300年にちなみ足柄の歴史再発見クラブが中心となり、講演会を実施した。これに先立ち開成町の協力により瀬戸屋敷土蔵前庭に深さ約2mのトレンチを入れ、噴火によるスコリア（火山灰・砂）の堆積状況やその後の酒匂川の氾濫による土石流入について、日本大学 宮地 直道助教授（当時）の分析が行われた。本調査では剥ぎ取り標本を作製し、講演会で披露され、現在でも瀬戸屋敷土蔵内に展示されている。また、大脇は私費で同じ剥ぎ取り標本を制作し開成小学校に寄贈した。こちらは同校の職員室前に今も展示されている。

大邑 潤三さんを通じて、植村善博教授と邂逅

2008年（平成20）1月、大脇は京都禹王廟の研究者、武蔵大学 瀬田 勝哉教授、立命館大学 川嶋 将生教授、同志社大学 山田 邦和教授に書簡を送った。1990年代、京都禹王廟論争を繰り広げた方々である。瀬田教授から連絡が入り、3月28日、文命西堤碑と文命東西碑の見学が行われた。瀬田教授は「鴨川はコンパクトだが、酒匂川は雄大でスケールが大きい。祠や石碑も残っており、全国の治水史の起点になる」（注9）とのコメントを残している。

6月には大脇、佐久間を中心に、足柄の歴史再発見クラブ内で国内の禹王碑を踏査する計画が持ち上がる。9月には山梨県富士川町に禹之瀬の存在を知る。地名にも禹の文字があることがわかり、さっそく大脇らが現地調査を実施した。

この年、佛教大学4回生であった大邑 潤三は卒

大脇良夫さん（左）と植村善博さんが出会う
（2008年9月16日）

業論文の論題を「神奈川県酒匂川における江戸時代以降の水害」とし、指導に植村 善博先生があたった。同年9月16日、植村は論文指導のため酒匂川や東西文命碑を訪れた。現地のレクチャーは大脇が務めた。これが大脇と植村の出会いであった。

禹王サミット構想

　2009年（平成21）2月21日、足柄の歴史再発見クラブが中心となった足柄時代劇実行委員会による劇団いず夢南足柄講演が行われた。題名は「富士に映える陽」、富士山宝永噴火による酒匂川の災害と復興の歴史の物語である。会場は南足柄市文化会館大ホール。当日は2回公演で1110ある席は満席の大盛況であった。脚本の作成に当たっては、大脇 良夫・佐久間 俊治・関口 康弘が支援を行った。

　4月には足柄の歴史再発見クラブメンバー14名でバスをチャーターし、山梨県方面の巡検を行った。踏査地は禹之瀬・富士水碑、信玄堤であった。これを機に、当時富士川町教育委員会勤務であった原田 和佳と繋がりを持つこととなる。

　6月にはクラブメンバーによる西日本にある禹王廟・碑踏査旅行の案が固まり、8月16日から18日にかけての日程で実施が決定した。

　大脇作成のこの踏査旅行の資料レジュメ「治水神「夏の禹王」を巡る旅」によれば、
「その1」（8月16日〜18日）の踏査地は、

　　①香川県高松市香東川の「大禹謨」②大分県臼杵市臼杵川の「禹稷合祀の壇」③大阪府島本町

淀川の「夏大禹聖王碑」であり、
「その2」は2010年の春か秋の実施予定で、

　　④群馬県沼田市利根の禹王碑⑤同県片品村の禹王碑であり、

「その3」には2011年以降に中国黄河を中心とした禹王廟や古代治水施設を巡ると記述され、今回と今後の踏査旅行の予定が示してある。

　さらに同レジュメには、「踏査旅行の目的として、国内7カ所（上記5カ所＋大口と岩流瀬（注10））の研究者や郷土史家が一同に会し「禹王サミット」を行う。そのための学習と布教の旅としたい」とある。大脇はすでにこの時点で「禹王サミット」の構想を持っていたことがわかる。

高松・大禹謨、北原教諭、川添氏との出会い

　さてこの踏査旅行であるが、参加者は足柄の歴史再発見クラブ会員の大脇 良夫、佐久間 俊治、井上 三男、小早川 のぞみ、込山 敏子、藤平 初江、関口 康弘。8月16日は早朝小田原を発ち、岡山経由で高松に入る。まずは香川県立香川中央高校を訪れた。当日は旧盆の日曜日にもかかわらず同校教諭 北原 峰樹に対応いただいた。ここを訪れたのは、この高校の生徒会誌が「大禹」と名付けられていたからであった。誌名の由来は西島 八兵衛の刻んだ碑、大禹謨にちなんだものである。頂戴した『大禹』は18号であった。北原教諭は中国神話の研究者でもあり、その中で禹王がどのような存在でどう認識されたのか、中国古典にはどのように記述されているのかなども伺った。高校のグラウンドの北西部に隣接するところに薬師堂があり、ここの大禹謨の石碑も案内いただいた。石碑は栗林公園のレプリカとの教示もいただいた。香川中央高校を後にして栗林公園に向かう。公園入り口では栗林公園を熟知されているボランティアガイドの川添 和正氏が迎えてくれた。早速、商工奨励館中庭にある大禹謨碑へ。私たち一行が大禹謨碑に大いなる関心を持ってくれての訪問に、川添氏はいたく感激されて、大禹謨碑と西島 八兵衛のレクチュアは止まることがなかった。大禹謨碑が西島 八兵衛の書であることを突き止めた平田

三郎氏についてもこの時初めて伺った。川添氏の解説で、大禹謨碑の数奇な転変を知り驚き入った。高松から岡山、小倉と乗り換え別府に到着したのは19時半近くであった。

臼杵、菊田氏、岡村氏との出会い

翌17日は別府から臼杵へタクシーで移動。臼杵藩主稲葉家下屋敷正面門で菊田 徹（現臼杵市歴史資料館館長）、岡村 和幸氏（当時臼杵市教育委員会文化財課）が迎えてくれた。菊田に下屋敷を案内いただいた後、臼杵市家野の禹稷合祀の壇へ。ここには禹稷合祀の壇とともに大禹后稷合祀石碑と、東側の下がったところに夏草に囲まれた禹稷合祀碑記があった。禹稷合祀碑記の碑文は荘田 子謙によるものと菊田より説明があった。合祀の壇の隣には立派な屋根付きの相撲土俵があり、9月第2日曜日には五穀豊穣の祭りが行われ、神楽や子ども相撲の奉納が行われるということで、次回の訪問は是非ともこの祭礼時に訪れたいと参加者で談じた。この後、国宝である臼杵摩崖仏群、海水を巧みに取り入れた臼杵城址を駆け足で案内いただき、13時30分の特急電車に飛び乗った。小倉経由で大阪に入った。昨日に続き、またも長距離移動であった。

大阪・島本経由し、大久保 忠隣の菩提を弔う

18日は大阪の宿からマイクロバスで阪急電車水無瀬駅へ。ここで植村 善博と合流。まず島本町高浜の春日神社に向かった。境内は新興住宅地に囲まれた微高地の一角にあり、治水神碑があるのが意外に感じられた。目的の碑は南無堅牢地神と彫られた碑の左側に位置し、夏大禹聖王と彫られていた。植村の説明によると、二つの碑は江戸期の享保年間に作成され、村人たちによって現在でも水難除去と五穀豊穣の祈願が続けられているという。当初、碑は淀川右岸の川沿いにあったが、1897年（明治30）頃の淀川改良工事により現在地へ移されたとのことであった。この後、桂川下流水垂・大下津の堤防上の移転集落を巡検後京都市内に入り、かつて京都に存在した禹王廟の痕跡

地と考えられる地点を巡った。植村と別れ、彦根市の龍潭寺に向かった。同寺は彦根藩主井伊家の菩提寺である。そして大久保 忠隣が晩年幽閉され死去した地でもある。戦国時代足柄平野を乱流していた酒匂川を、17世紀末から18世紀初頭平野新田開発のため現在の流路にしたのが小田原藩主であった大久保 忠世、忠隣父子であった。忠隣は幕府内の政争に敗れこの地に幽閉となったのである。足柄の歴史再発見クラブとして機会があれば是非訪れたい地であった。こうして西日本の禹王遺跡を巡り、各地域の研究者と交流を持ったことが次の展開に大いにつながることとなる。

広島太田川の皆さん、大阪淀川の皆さんと

2009年11月29日・30日で「治水神「夏の禹王」を巡る旅その3」と題し、足柄の歴史再発見クラブ会員で広島、大阪の禹王碑踏査旅行を実施した。参加者は井上 三男、大井 みち、大脇 良夫、小早川 のぞみ、小林 秀樹、込山 敏子、佐久間 俊治、関口 康弘、露木 順一、山田 行雄であった。

29日早朝小田原駅を発ち、広島駅から可部線梅林駅で下車した。地元地方史研究者の福谷 昭二らが迎えてくれた。まず太田川河川事務所で太田川の概説と、太田川下流（広島デルタ）の治水・利水を制御するために1975年完成の高瀬堰の働きについて説明を受けた。ここから高瀬大橋西詰太田川河川公園内にある大禹謨碑を巡検した。昼食後、旧佐東町役場であった佐東公民館で、足柄のメンバーと福谷 昭二ら広島の方々が、大禹謨碑を池田町長が建立した経緯、栗林公園の碑との関連、1972年建立の時代背景などなど、活発な意見交換を行った。この後、広島平和公園を訪れ、犠牲者への鎮魂と平和への祈りをささげた。広島から大阪に移動し宿に入った。

翌30日、大阪府庁へ。橋下 徹知事（当時）を表敬訪問。さらに大阪水都の会 藤井 薫会長と面談。大脇は、いつかは禹王サミットを大阪でとの、感触を探った。淀川河川事務所毛馬出張所を訪問、諸留 幸弘らが迎えてくれた。ここで淀川改修紀功碑の調査をし、淀川河川事務所淀川資料館に移っ

た。ここでも諸留に展示解説をお願いした。この踏査旅行で広島太田川の皆さん、大阪淀川の皆さんとのネットワークが構築された。

大和川、片品川で10河川18カ所の踏査完了

　12月9日、大脇は大阪府柏原市国分東条町にある小禹廟の踏査をした。大和川の治水事業顕彰が建立由来の碑である。さらに12月11・12日、井上 三男、大脇 良夫が利根川上流、沼田市利根町の禹王之碑、利根郡片品村の大禹皇帝碑の踏査をおこなった。これで当時、把握していた国内禹王遺跡10河川18カ所が足柄の歴史再発見クラブの面々によりすべて踏査された。

　第1回目の片品の調査のあと翌2010年（平成22）3月にも大脇、井上、佐久間が同地を訪れた。ここで片品村の郷土史研究を牽引していた宮田 勝と出会った。宮田は当時、大禹皇帝碑の研究と再評価を進める先頭に立っていた。2010年2月、片品村では宮田を会長とする大禹皇帝碑顕彰会が設立された。これで同碑への探究熱が高まった片品と、禹王サミット開催に邁進する足柄側のベクトルが重なった。その後の両者の関係は急速に深まり、片品村、開成町の行政を巻き込んだ友好関係が太くなった。

　2010年（平成22）に入ると足柄の歴史再発見クラブ事務局がある開成町での禹王サミット開催準備が、急テンポで進められた。1月29日の足柄の歴史再発見クラブ月例会では禹王サミットのコンセプトやプログラムの骨格が議論された。また開催日は11月27日・28日とし、会場は開成町福祉会館とすることが確定した。いよいよ「禹王サミット」の開催が現実となってきた。実行委員会が立ち上がり、委員長には佐久間が就いた。

神奈川県日中友好協会との交流

　6月28日、大脇は神奈川県日中友好協会にて「治水の神 禹王（文命）がもたらした文化交流―古事記を嚆矢とする古典や禹王碑が語る日中友好―」と題し講演を行った。サミットに向けて神奈川県

サミットに向けて気運を盛り上げる役割を果たした「禹王サミットニュース」

日中友好協会の皆さまにも興味を持って大勢参加いただけるよう、禹王（文命）をキーワードにした日中交流の歴史を説き、その関心を高める工夫を行った。また露木は、日中友好協会の機関誌「日本と中国」8月15日号に「足元から築く東アジア共同体 禹王再発見の取組み」と題する文を寄稿した。記事は日中友好の核心にいる方々に、日本全国に散在する禹王遺跡（当時では9河川18カ所）を紹介し、遺跡が存在するそれぞれの地域との交流を進めている現状を伝えた。さらに中国との交流にも言及し、交流を通じて足元の歴史を見つめ直すことによって中国との結びつきを再発見する契機になると述べた。このような日中友好協会との連携は、足柄の歴史再発見クラブの小早川 のぞみが中心となってあたった。

禹王サミットの機運が高まる

　7月30日には地元足柄の皆さんに、サミットへの関心を持っていただくための広報誌「禹王サミットニュース」を、第1回全国禹王（文命）文化まつり実行委員会の名でカラー版200部発行した。

上：大脇さん作成のpptの中にあったまとめ
右：記念すべき第1回サミット、大迫力のポスター

発行責任者は佐久間 俊治、編集責任者は大井 みち、アシスタントに大脇 良夫がついた。これにより禹王遺跡のある国内各地との交流状況や、サミットの準備進捗状況、その内容等々の告知を行った。この「ニュース」は8月、9月、10月、11月と1カ月ごとに計5号まで発行され、サミットに向けての雰囲気づくりや、実行委員会のまとまりと盛り上がりの醸成に寄与した。

8月4日、片品村から千明 金造村長、萩原 重夫副村長、木下 浩美むらづくり観光課長が東西文命宮碑を訪問、露木町長、大脇、佐久間など足柄の歴史再発見クラブの面々が対応した。同月24・25日には片品村大禹皇帝碑顕彰会会長の宮田が会員ともども足柄を訪問。東西文命宮碑などを調査、禹王（文命）文化まつり実行委員会・足柄の歴史再発見クラブと友好を深めた。こうした片品村の熱心な行動が第2回サミットの開催へとつながっていく。

8月にはサミットのポスター、チラシが完成し納品された。ポスターは3000部、チラシは1万部作成。手段を尽くして掲示・配布し広報に努めた。

8月20日朝日新聞オピニオン面「私の視点」に、王 敏が投稿した文が記事となった。「中国人観光客、地方でこそ文化観光」との見出しである。王 敏は、30年近く日本の各地で中国やアジアとのゆかりをみつけてきた中で文命宮・碑に出会った。ここで11月27・28日に全国禹王文化まつりが開催されることをPRし、日中融合の生活文化を中国人に探訪してもらい、このことから日本人も地方にある文化交流の原点やその価値に気づいてほしいと記している。サミット開催に向けての力強い支援であった。

また、サミット当日に提供する資料集「第1回全国禹王（文命）まつり資料集 禹王（文命）を探る」の作成が行われた（p31参照）。

第1回サミット、開成町で開かれる

2010年11月27日、いよいよ第1回サミットである。会場は開成町福祉会館。開催前から前庭では地元の農産物や特産品、禹王遺跡のある各地域の特産物の販売テントが立ち、すでに多くの方が集まっていた。メイン会場は同会館大ホール、開始前になると500名弱の席は8割がた埋まっていた。

第1日目は、まず全国に散在する禹王遺跡の研究者が一同に会し、リレー形式での発表を行った。研究発表の司会は大脇 良夫。発表者は、利根川片品村が宮田 勝、酒匂川が関口 康弘、富士川が原田 和佳、淀川が藤井 薫、香川県香東川が北原 峰樹、太田川が福谷 昭二、大分県臼杵川が菊田 徹であった。休憩後鼎談が催され、王 敏、千明 金造、露木 順一が登壇した。交流と地域をキーワードにした博覧強記、縦横無尽の語らいであった。

夜は交流会が行われた。126名の参加をいただいた。参加者は発表者・鼎談者とともに、賀川 一枝、

15

吉田 美江、岡部 澄子、久保 典子、植村 善博、大邑 潤三、萩原 重夫、星野 準一、大竹 将彦、笠原 信充、萩原 武治、星野 寛、星野 昌也、荻野 喜久枝、福島 忠治、高木 昴、藤本 英子、小澤 均らがいた。そして遠路中国から本サミットに参加いただいた歴史学者で禹王研究者の湯 重南氏、石 軍氏がいらした。

　第2日目は開始前に文命宮・碑の現地見学会を実施。会場ではシンポジウム形式でのまとめの討議が行われた。最後にあたって本大会討論の総括を植村 善博がおこなった。禹王賛歌を全員で唱和し閉会となった。終了後も現地見学会が行われた。参加者は2日間で累計1100人、1日目の20時50分からの関東地区NHKニュースや、各新聞紙上で報道された。

研究集会発足と国際交流

　すべてが終了した直後、会場で植村から大脇へ「来年の春、佛教大学で禹王遺跡が存在する地区の研究者の方々に集まっていただき、研究集会を催しませんか」との提案があった。その場で大脇・佐久間は快諾。治水神禹王研の新たな展開が始まった。

　またこの時、中国から禹王研究の歴史学者 湯重南氏、石軍氏をむかえたことが、東アジア文化交渉学会第7回年次大会（2015年5月9日（金）、10日（土））開催へつながっていった。この国際学会は世界的に名が知られた都市、東京、横浜、京都、大阪での開催ではなく、人口1万6000人の神奈川県開成町で国際学会を開いたことに価値があろう。

　キーワードは禹文化である。これを人文学や社会学などの多様な方法を駆使して総合することにより、複眼的な見地から解明しようとすることが大会の目的であった。大会は成功裏に終わり、2日間の討議終了後、町民の皆さんをはじめ役場の方々の手作りのレセプションは大いに盛り上がり、小さな町での国際交流は価値あるものとなった。これらにより足柄地区における禹王文化が再認識されていく端緒となった。

【注】
（1）「親しまれる交流拠点へ　あしがり郷瀬戸屋敷構想」神奈川新聞 2004年5月13日
（2）露木町長作成レジュメ　2005年9月28日
（3）「禹王サミットニュース №1」第1回全国禹王（文命）文化まつり実行委員会 2010年7月30日
（4）（3）に同じ
（5）「禹王サミットニュース №2」第1回全国禹王（文命）文化まつり実行委員会 2010年8月20日
（6）（5）に同じ
（7）この論考は「治水神・禹王研究会誌」第7号 2020年4月1日に改訂のうえ再掲
（8）「酒匂川の文命宮 日中友好懸け橋に 中国人教授らが調査」神奈川新聞 2007年8月17日
（9）「鴨川研究の教授が文命宮など見学 治水の起点に」神奈川新聞 2008年3月29日
（10）田中丘隅の酒匂川治水普請以前は、丘隅が命名した文命東堤は大口土手、同西堤は岩流瀬（がらせ）土手とそれぞれ呼ばれていた。

片品村の大禹皇帝碑を採拓する河合 荘次さん（日本拓本家協会会長）。京都での月例会にて偶然手にした『禹王（文命）を探る』から、鳥虫篆体で彫られた石碑が日本にあることを知り、早速大脇 良夫さんに連絡。ここから禹王関係碑の拓本採りが始まった。

第2章　活動のあゆみ

2011年3月13日に開催された「第1回全国禹王研究者集会」（佛教大学）の午後、植村 善博さん・大邑潤三さんの案内で「鴨川治水伝承地見学会」が行なわれたときの記念写真。おりしも東日本大震災の翌々日で、高速道路網がズタズタに遮断されている中、自動車で会場に向かった片品組は迂回路を駆使して長時間かけて会場に到着し、その熱意に驚かされた記憶がある。この時点ではまだ、津波の全容も原発事故発生も把握できない状況だった（12日新幹線で来た関口夫妻は改札口から出られないほど、新大阪駅は大混乱を極めていた）。前列左から、植村 善博さん、小田 知広さん、賀川 一枝さん、大脇 良夫さん、佐久間 俊二さん、藤井 薫さん、後列左から、関口 康弘さん、井上 三男さん、長谷川 佳弘さん、北原 峰樹さん、関口 明美さん、江森 美恵子さん、藤本 英子さん、古賀 邦雄さん。

全国禹王研究者集会の記録

植村 善博

はじめに

　治水神・禹王研究会は一朝一夕にして出来上がったものではありません。長い助走の期間がありました。酒匂川で発見され、足柄の歴史再発見クラブが全国に禹王遺跡を探求していった活動がスタートにあったのです。ついで2010年11月開成町で開かれた第1回全国禹王（文命）文化祭りは禹王に関心を持つ日本の探求、愛好、研究者らがはじめて一堂に顔を合わせ、熱意を共有する機会となりました。そして、禹王研究の情報と知識の交流を深めるため研究集会を定期的に開こうという機運がもりあがってきました。そこで、会場の確保ができ日本のまん中でもある京都で禹王研究者集会をお世話することになりました。この集会が、その後に治水神・禹王研究会へと発展していくことになります。

　以下、3回開かれた全国禹王研究者集会をふり返ってみましょう。

第1回（22名参加）
2011年3月13日　佛教大学第5会議室

　午前10時から会議を予定する。当日は東日本大地震津波の悪夢から覚めやらぬ2日後の13日。会議室を予約して待機したが、この非常事態ではほとんど参加者はないだろうと予想していた。

　ところが、10時になると21名もの方々が西から東から佛教大学に集まってこられたのである。驚きであり奇跡だと思った。JRの遅延など交通機関の混乱に翻弄され苦闘しながらも、禹王への強い思いを共有する皆さんが参加され、熱気さえ感じる空気になったのである。

　記録によると参加者は足柄（大脇、佐久間、井上、関口夫妻、中桐）、片品（宮田、大竹、笠原、星野）高松（江森、工代、北原）、大阪（藤井、藤本、桝谷）、ミツカン（小田、賀川、古賀）、旅行社（長谷川）と大邑、植村の22名であった。これは前年開成町での第1回禹王サミットの成果と熱い思いがつながり、みんなで禹王について討論と情報交流を続けたい思いが一致したのであろう。参加者一人ひとりが禹王との関わり、現在の関心事や地域の状況について思いを吐露する機会になった。

　とりわけ、宮田さんら遠路片品村から参加くださった皆さんには感謝したい。最後に大脇氏が禹王遺跡の現状を総括、植村が研究の課題と展望を述べまとめとした。昼食をはさんで13時30分に鴨川松原橋に再集合し、安貞2年の勢多判官為兼による夏禹廟や安倍晴明の法城寺などの治水伝承地を見学した。私はといえば翌14日に卒業式と歴史学科の懇親会に参加、15日にはニュージーランド南島地震の調査のため被災地のクライストチャーチ市に飛ぶというあわただしいスケジュールだった。

旧利根町の禹王之碑。右から宮田 勝、星野 秀弘、笠原 信光の各氏（2012年撮影）

第2回（35名参加）
2012年3月17日　佛教大学大会議室

　前日に大脇さん、関口夫妻、大井さん、大邑君に協力いただき会場準備を終えた。PPの映写も確認、昼食のちらし寿司の予約もすませた。今回は大会議室を予約しておいたのだが、前回より14名も参加者が増え予想は当たった。

　まず、大脇さんが日本の26件の禹王遺跡について特徴と分類、歴史的背景などについて講演され、植村は台湾、朝鮮の禹王遺跡の特徴を紹介した。

2012年3月17日　第2回全国禹王研究者集会（佛教大学）

また、露木さんが現在の遺跡発見時代からつぎの研究・総括の時代へと向かうこと、成果をまとめて出版する必要性、東アジアの禹王文化圏という視点で研究を国際的に交流すべきだとの見事な卓見を述べられたのには共感した。現在までこの展望にそって研究会は活動してきたといえるだろう。そして、参加者一人ひとりが禹王への関わり、現在の関心事などについて積極的に語り交流した。

最後に、露木提案に共感した植村は出版計画を提案、全員の賛同がえられた。このため、佛教大学に出版、編集の事務局をおくことになった。また、参加者に原稿執筆を依頼したい旨を伝え、協力するとの約束をしていただいた。これで作業を順調に出航させることができた。4月に植村は禹王書について具体的な出版計画と構成案を作成、水文化に関心を持っておられる人文書院編集者の伊藤桃子さんにお会いして説明、打診した。伊藤さんはおもしろいですね、と興味を示され問題や修正点などを指摘された。後日、出版社内の会議で出版が認められたのだった。伊藤さんの尽力のおかげで無事に作業が出発でき、本当に幸運だったと思う。

ついで、5月10日に大脇さん、伊藤さんと3人で編集会議を開き、目次の構成、遺跡の記述スタイルと内容、執筆者選定、今後の日程などを決めていった。5月末には執筆者へ原稿依頼を発送、7月末原稿提出、9月末完全原稿、2013年4月出版というスケジュールをたてた。伊藤さんの事務処理は素早く、ほぼ予定通りに進めてくださったのである。この年末年始は伊藤さんと協力して原稿

のチェックと整理に没頭することになる。忙しい中、執筆くださった皆さんには本当に感謝した。

第3回（10名参加）
2013年3月16日　佛教大学中会議室

11時から17時までほぼ禹王書の執筆者会議になった。執筆者の熱意と協力により原稿類は順調に集まってきた。そこで原稿の採用可否、修正点などを判断し、章立や項目が決まった。また、賀川 督明さんから素晴らしいカラー写真の提供をうけることができた。遺跡の位置を示す2.5万分の1地形図は木谷 幹一さんが献身的に収集してくださった。参加者どうしで原稿や書物への要望を話し合った。伊藤さんからは出版までのスケジュール、人文書院からの出版条件（1800部発行、500部買い取り）などが説明され、全員が合意する。7月6日の高松市での禹王サミット開催時には販売できるよう出版期限を厳守するように依頼した。

また、参加者から出版を機に禹王研究の組織を立ち上げる必要があるとの意見が出された。そして、研究会の組織や運営、活動内容などについても活発な意見が交わされた。名称として禹王研究会、治水神研究会などが提案され、両者を合わせた治水神・禹王研究会がよいのではないかということになった。

こうして2013年6月下旬に私たちの最初の成果品である『治水神禹王をたずねる旅』（203ページ、定価1900円）が京都の人文書院から出版され、全国の書店に並んだ。これは執筆くださった皆さんの協力と編集担当の伊藤 桃子さんのおかげであ

る。

つづいて7月6・7日栗林公園の商工奨励館で開催された第3回禹王サミットin讃岐・高松の会場に発刊直後の『治水神禹王をたずねる旅』を50冊持ち込んだが完売するにいたった。これには高松の水の恩人西嶋 八兵衛と大禹謨が市民等に広く知られ尊敬されているという風土も寄与したのだろう。シンポジウムを終え、6日の夜、宿舎ルポール讃岐での懇親会席上で大脇 良夫氏が研究会組織の結成を呼びかけ、直ちに60名の賛同と参加をえて治水神・禹王研究会が産声を上げたのであった。

治水神・禹王研究会　創立経過

大脇 良夫

「禹王研究事始め」の項で触れたように禹王(文命)の研究開始の時期は2006年秋である。「足柄の歴史再発見クラブ」の活動は、ダイナミックにクリエイティブに展開され、やがて2010年11月17日〜18日「第1回禹王(文命)サミット」開催に結びついていく。

第1回サミットは大きな反響と共感を呼ぶが、これをトリガーにして露木 順一氏の助言を得て、向後の活動方向を大脇は次の3点に集約した。
①遺跡の文化的背景や地域史での位置づけを明らかにする活動
②中国など漢字文化圏との国際文化交流とその中で日本の禹王遺跡を見直す活動
③サミットの継続と進化により禹王研究の裾野と幅を拡げる活動

この3事業の進展があいまって「治水神・禹王研究会」発足の扉を開けることになるとは、当時はまだ思いが至らずにいた。本項では開成サミット後の2011年春から研究会発足の2013年夏までの2年半の軌跡を1点ずつ振り返ってみることにした。

①遺跡の文化的背景や地域史での位置づけを明らかにする活動

遺跡発見型から「研究深耕型への転換」を画策し、植村 善博先生（当時 佛教大学教授）に依頼した。

植村教授は2011年、2012年、2013年と3年連続で佛教大学で1日がかりの研究者集会を開く。「禹王をテーマ」にした日本初の会合である。

佛教大学校舎玄関に「全国禹王研究者集会 in 佛教大学」の看板が掲げられ、参加者は九州から群馬県まで、年令も85歳（TOPは高松の岡部 澄子さんと片品村の宮田 勝さん）から17歳（岡部 澄子さんのひ孫）まで多士多彩、中には、四国巡礼の旅装束姿で尾瀬片品村から参加する人（大竹 将彦さん）など…と奇妙な集まりのようにも見えた。しかし全員が「禹王を勉強しよう。語り合おう」と意欲満々であり、植村教授のリードで「青春の気概と熱気に満ちた」会合に化していった。終了後は大学のそばの学生食堂の2階で盛大な懇親会でにぎわった。

参加者の熱気と好奇心を植村教授は見逃さない。2回目の2012年3月の会合（35人参加）の半ば過ぎに、静かな口調でしかし鮮明に「皆さんの手で、禹王の遺跡を全国に紹介する本を創りませんか。禹王に関する我が国初めての研究誌です。いかがでしょう」と提示された。熱い拍手で返答がなされ、後日に大まかな章立てや執筆者が決まり実現に向かっていく。出版社は人文書院、題名は『治水神禹王をたずねる旅』で2013年の第3回研究者大会は、出版のための編集会議とするなど具体的道筋が示された。

こうして、「全国禹王研究者集会 in 佛教大学」の熱いエネルギーは、『治水神禹王をたずねる旅』の出版発売に向けられることになった。第3回高松サミット当日【2013年7月6日】がターゲットになった。

②中国など漢字文化圏との国際文化交流とその中で日本の禹王遺跡を見直す活動

王 敏先生（当時 法政大学教授）と初めてお会いしたのは2007年春で、露木 順一さん（当時 開成町長）が法政大学まで私を連れて行ってくださった時だから15年遡る。以降、文命宮や文命碑に中国の要人をお連れいただいた。「日本の禹王信仰」として、中国の情報誌への紹介も頻繁にしてくださった。したがって、②は王 敏先生をおいては他にはなく、推進役をお願いした。

一例をあげれば、2007年8月に「新華社通信」日本支社幹部の文命宮見学来訪と中国で記事掲載、2010年の第1回開成サミットに際しては、北京「中国社会科学院」の重鎮で「中国日本史学会会長」の湯 重南博士の招聘来場の実現を図られるなど、私たちにうれしい驚きを与えられ、また目を啓いてくださった。

中国本土の禹王遺跡や禹王文化に触れるには、中国本土に行くのが一番と、幾つかの旅行社をご紹介いただく。中から（株）二十一世紀旅行を選んだのは、2010年開成サミットに同社の坊野社長、長谷川氏が参加し、こちらのニーズをご理解くださったからである。

こうして、3回の「訪ねる旅」が実現した。
第1回 2011年10月26日〜11月2日（8日間、大脇団長以下24人参加）
第2回 2012年4月11日〜18日（8日間、大脇団長以下10人参加）
第3回 2013年10月21日〜26日（6日間、大脇団長以下13人参加）

3回の中国旅行に通算47人が参加、詳細は、第5章「中国・台湾への禹王調査旅行」の項に譲る。

訪問の都度、中国の禹王研究者から継続的な研究交流を望む声に接していたが、2013年春に神奈川県西湘日中友好協会が訪中（露木 順一団長）の際、中国の大禹文化研究団体から研究交流のオファーがあったとの報告を受けた。愈々、禹王の研究機関を日本にも発足する時期が到来したと感じた大脇は、直ちに植村教授の内諾を得、7月の高松大会で発会すべく準備にとりかかった。

なお、治水神・禹王研究会発足後も王 敏先生は国際交流に尽力される。2015年「第7回東アジア文化交渉学会国際シンポジウム」の開催を開成町に打診せられた。同学会は、中国と日本で交互に開催され、これまで日本では関西大学か法政大学でしか開催されず、また中国も含め自治体主催での開催は皆無であった。同年5月9日、10日の2日間であったが府川 裕一開成町長は町政施行60周年行事として受諾した。開成町での国際大会開催は初めてであり、貴重な体験となった。日本語、中国語と英語を併記した文命東堤、西堤及び文命中学の沿革説明パネルを設けたのは本シンポジウムの成果物の一つである。

③サミットの継続と進化により禹王研究の裾野と幅を拡げる活動

この活動は、大脇が引き続き行なった（全国禹王サミット開催の経緯や内容については、第3章「全国禹王サミット 歴史と記録」の項を参照）。2010年11月の第1回サミット後には、第2回が尾瀬片品で2012年10月、第3回高松2013年7月、第4回2014年広島と毎年連続の開催を決めていた。重要なのは、開催の決定時期である。片品村はいち早く2010年5月だったが、高松と広島は、2011年3月の同時期に決定し片品村を含む3地域が競い合うように準備を開始していた。

開成町から発した同時多発的な禹王ブームメントはやがて大きな渦となり禹王研究会という集団の「結集」に繋がっていく。

治水神・禹王研究会の発足へ

上記①②③3つの活動を時系列に並べてみる。
2010年：11月開成サミット
2011年：3月佛教大学で研究会
　　　　10月中国旅行
2012年：3月佛教大学で研究会
　　　　4月中国旅行
　　　　10月尾瀬片品サミット
2013年：3月佛教大学で研究会。
　　　　7月高松サミット

2010年開成サミットから2013年高松サミットまでの32カ月間に8回のBIG EVENTを持ったことになる。4カ月に1回の頻度である。今、こうして整理してみると異常ともいえる集中度である。佛教大学での研究者集会が方向舵（ハンドル）役を担い、中国旅行が勢いを加速するアクセル役、サミットがエンジン役を果たし「日本の禹王研究丸」は一気に船出した。2013年7月6日第3回高松サミット懇親会場の席であった。

呼びかけ人の大脇が高松で配布した「治水神・禹王研究会発足と会員募集のお知らせ」を資料として以下に掲載する（当時のものなので、内容には変更あり）。

その場でご賛同され直ちに入会した方が60人、会則（p136参照）を定め、本部は大脇宅のある神奈川県開成町延沢110－6番地に置いた。高松サミットに参加出来なかった方々にも声かけし同年10月1日の会員数は69人、翌2014年3月の第1回総会時には75人と順調な船出であった。

「治水神・禹王研究会」発足と会員募集のお知らせ

2013年7月6日　発起人代表　大脇 良夫、植村 善博

1．発足と会員募集の経緯

本年春、神奈川県西湘日中友好協会（露木 順一団長）が訪中の際、中国の大禹文化研究団体から、日本の禹王研究会との研究交流のオファーがありました。

国内においては、2011年、2012年京都佛教大学にて約70人規模の研究会を開催し、この会の継続定着を望む声を頂いておりました。中国からの声が届いたことを契機に下記により「治水神・禹王研究会」を発足しました。ご賛同の皆様方のご参加をお待ちいたします。

2．活動の目的と概要

（1）目的：①治水神・禹王の遺跡と文化の研究、②中国はじめアジア地域の研究団体との研究交流、③禹王サミットの支援、共同開催、④その他関連する必要な活動

（2）会則：裏面参照

（3）組織

顧問：王 敏（法政大学教授）

　　　露木 順一（前 神奈川県開成町長、元 内閣府地方分権改革推進委員、元 総務省顧問）

会長：大脇 良夫（神奈川県開成町）

副会長：植村 善博（佛教大学教授）

事務局 会務全般：浅田 京子（神奈川県開成町）

調査研究：佛教大学（京都・植村先生 配下）

国際交流：法政大学（東京・王敏先生 配下）

理事：佐久間 俊治（神奈川県開成町）第1回委員長・宮田 勝（群馬県片品村）第2回委員長

　　　北原 峰樹（香川県高松市）第3回委員・福谷 昭二（広島市）第4回（予定）委員長

　　　菊田 徹（大分県臼杵市）第5回（予定）・水谷 容子（岐阜県海津市）

　　　木谷 幹一（京都市）・賀川 一枝（ミツカン水の文化センター機関誌編集長）

監事：小早川 のぞみ（神奈川県小田原市）・大井 みち（神奈川県大井町）

3．申込方法

2013年7月6日　高松サミットで大脇、植村が呼びかけ（趣意書配布）

①入会申込書に必要事項を記入の上、事務局に送付（FAX、メールなど）して下さい。

②年会費を指定口座までお振り込みください。

※年会費は、3,500円［4月1日から翌年3月30日まで］

但し、初年度は年会費3,000円とします。

なお、禹王サミット開催中事務局担当者にて直接受付致します。「入会申込書」に必要事項を記入の上、年会費を添えてお申込みください。

治水神・禹王研究会総会・研究大会のあゆみ

植村 善博

　2013年7月6日、高松市での禹王サミット後の宿舎ルポール讃岐での懇親会において治水神・禹王研究会は結成の産声をあげた。その後、2014年3月に第1回の総会・研究大会を開いて以来、毎年開催をつづけ2021年3月には9回に達した。ここではこれら総会・研究大会の様子をふり返ってみたい。

第1回治水神・禹王研究会総会・研究大会
2014年3月15日　佛教大学1号館316教室
40名参加

　この日の朝、「第1回治水神・禹王研究会総会・研究大会」の立て看板を大学玄関に置いた。とうとうここまできたかと晴れ晴れした気分だった。午前中は理事会、午後から総会・研究大会、懇親会という今の日程スタイルが決まった。

　講演は王 敏さんの「禹王をキーワードにした日中交流と最近の事情」、そして木谷 幹一さん、大邑 潤三さん、周 曙光さん3名の研究発表があった。

　とくに、周さんの岣嶁碑に関する最近の研究動向についての話は衝撃的であった。片品村の大禹皇帝碑の原碑とされる湖南省衡山の岣嶁碑は禹王による治水の碑ではなく、山岳の祭祀文であるという説が紹介されたのである。終了後、近くのオオサカヤ2階で懇親会、大いに飲み語りあった。

第2回治水神・禹王研究会総会・研究大会
2015年4月5日佛教大学1号館415教室
59名参加

　午前中理事会、午後総会、ここで遺跡認定基準および引用ルールの設置が提案され、承認された。この事情については後に紹介する。

　苦労するのは特別講演の依頼である。どなたにどんな話をしてもらったら参加者に喜ばれるのだろう？　いろいろ思案する。

　今回は中国考古学の権威で『夏王朝』の著書もある京都大学人文研の岡村 秀典氏に直接会って依頼し、快く受けて下さった。岡村さんは考古学的に禹の存在は虚構であり神話伝承でしか存在しないこと、時代的には夏王朝が二里頭遺跡の中〜後期にあたること、当時すでに礼式を重んじる中央集権国家が形成されていたことなどを発掘調査の成果をもとに説明された。また、古賀氏「河川書にみる治水神・禹王」、飯塚氏「荒川流域の舟運と

第1回治水神・禹王研究会　総会・研究大会（2014年3月　佛教大学）

水神」、水谷氏「輪中地域と禹王」、片山氏「伊加賀切れと明治18年洪水碑」、諸留氏「長松屋台の禹」、など会員による多彩な研究成果が発表された。

ここで「遺跡認定基準」および「引用ルール」を採用した経緯を説明したい。

2014年12月に本会顧問王 敏さんが著書『禹王と日本人』をNHK出版から出版された。その内容は2013年7月に出版した『治水神禹王をたずねる旅』（人文書院）とはまったく異なる日中の文化交流という視点から禹王を取り上げて考察する優れた内容である。日中の文化比較から禹王を取り上げ、わかりやすい文章と中国の史資料を利用した立派な内容と感銘を受けた。われわれも大いに参考にすべき書籍と評価される。

しかし、内容的に重複する部分が多く、今後引用や遺跡番号などに混乱が生じることが予想された。このような問題が発生しないように研究会として①著作権を守り、引用などのトラブルを避けるため一定のルールを定めること、②今後も増加が予想される遺跡データの内容の精粗、混乱をなくし一定の質を維持するための規定を定めることにした。こうして作成されたのが「遺跡認定基準」と「引用ルール」である（p122～p123参照）。

第3回治水神・禹王研究会総会・研究大会
2016年4月17日　佛教大学1号館415教室
45名参加

午前中遺跡認定委員会・理事会開催、禹王地名の項目を新設する。

今回の講演者は禹王と同じく中国に起源をもち、海洋神として日本でも各地に信仰の遺跡が残る媽祖について研究されている天理大学の藤田 明良氏にお願いした。タイトルは『日本列島における媽祖信仰の伝播と展開』。媽祖神は禹王よりはるかに新しい10世紀頃福建省の漁村で発生した海洋神・航海守護神の信仰である。その特徴や日本への伝播、神仏習合して日本沿岸の各地に所在する寺社や祭礼について現地調査の結果をふまえて詳しく説明された。

媽祖信仰や媽祖祠は沖縄から鹿児島、北は青森県大間まで分布するという。治水神禹王の特徴と比較し、今後の研究に新たな視点を与える興味深い報告であった。

また、若森氏「藤巻勘之丞と関田嶺修路碑」、今井氏「伊豆大川三島神社と禹王遺跡」、飽田氏「天草市宗像堅固墓碑」、伊藤氏「天竜川上流域の禹王関係石碑」、と日本各地から新発見の禹王遺跡が報告され、活発な研究活動が伝わってきた。調査の仕方、各地における禹王の意味などを学ぶのに有意義な発表だった。まだまだ眠っている禹王遺跡があり、それらを掘り起こす作業が大切だという認識が深まったと思う。

第4回治水神・禹王研究会総会・研究大会
2017年3月26日　佛教大学　1号館415教室
61名参加

午前中遺跡認定委員会・理事会開催。

今回は2000年に京都の歴史学者で鴨川の治水と禹王信仰の研究を発表されている同志社女子大

第3回治水神・禹王研究会　総会・研究大会　藤田 明良氏と。（2016年4月佛教大学）

第4回治水神・禹王研究会　総会・研究大会　山田 邦和氏と。（2017年3月佛教大学）

学の山田 邦和氏に講演をお願いした。山田氏の講演では、京都の禹王廟と禹王信仰は鴨川の治水神として長く強くしぶとく生き続けてきたこと、その背景を史料類を縦横に駆使してくわしく説明された。

また、植村は沖縄の琉球王国時代に 13 点の禹王石碑を確認し、その分布と特徴について報告した。

そして、古賀 邦雄氏「黒四ダムの禹王額」、片山 正彦氏「明治 18 年淀川大洪水の絵巻物」、長澤 均氏「金森 吉次郎墓碑」、について興味深い研究発表がなされた。なお、同 2017 年 3 月末で植村は定年退職するため佛教大学を会場に利用する最後の会合になった。

**立命館大学歴史都市防災研究所との共催展
『災害文化遺産　日本の禹王遺跡と治水神・禹王信仰展』の開催
2018 年 3 月 16 日～5 月 16 日　立命館大学歴史都市防災研究所 1 階展示ルーム（京都市北区）**

治水神・禹王研究会が組織され、日本全国で新たな禹王遺跡の発見と調査が続々と進んでいった。2018 年 3 月になんと約 130 件に増えた。そこで、各地に点在する禹王遺跡の実物や実態を会員に見ていただきたい、また、実物のもつ魅力とその前で議論できたらいいなあ、そして多くの市民にも見学してもらい禹王の存在を広く知ってほしい、と強く思うようになった。

立命館大学歴史都市防災研究所の研究員になった植村は、実物や史料などを一同に集めて展示し、一般市民にも禹王への関心を広めたいと考えた。そこで、

①禹王遺跡は地域における水害回避や災害軽減のための治水神信仰が根本にあること
②これらは貴重な地域の災害文化遺産であること
③禹王遺跡の価値と意義を研究所のみならず広く社会に発信して治水神・禹王の認知度を高め、地域で禹王遺跡の価値を再評価し災害文化のシンボルとして役立てること
などの重要性から展示会を開くことを計画した。

禹王遺跡と治水神禹王信仰を体系的に整理し、実物を展示して禹王文化をリアルにみて感じてもらえるように企画をつくった。同研究所副所長の中谷 友樹教授にこの企画と目的を説明したところ賛同してくださった。そして、同所長の大窪 健之教授、企画展準備委員として同研究所の展示担当である谷端 郷研究員の協力が得られることになった。さらに、展示経験の豊富な鍵屋資料館学芸員の片山 正彦氏と大邑 潤三氏が全面的に支援してくださった。

文化財級の貴重な神像や掛軸、遺物などの借用、損害保険、輸送など初めての経験だった。しかし、経験豊富な準備委員の援助で展示会場への搬入、効果的な展示方法など知恵をだしあいながら進めていった。海津市歴史民俗資料館の水谷氏、酒匂川の大脇氏と関口氏には貴重な展示品を直接搬送していただき本当にありがたかった。展示物の説明パネルは谷端氏が大型のカラー A1 版でプリントアウトしてくださった。この全ファイルを展示図録とし 500 部印刷し無料で配布した。

開催期間中に約 500 人が見学され、立命館大学、京都女子大学、佛教大学の授業で学生参観を実施してくださった。また、京都、読売両新聞の京都

展示『災害文化遺産 日本の禹王遺跡と治水神・禹王信仰展』のポスター

歴史都市防災研究所の展示会場風景
（2018年4月）

版に大きく報道され、一定の反応を感じることができた。そして、開催直前に紹興市から発行直後の「紹興禹跡図」が送られてきた。富士川サミットに参加した禹跡行団副団長の邱 志栄氏らが日本の禹王遺跡分布図を参考になんと半年間で編集、作成されたものだった。これと日本遺跡地図を並べて展示した。いよいよ、禹王研究も国際的になってきたなとの感を強くした。

第5回治水神・禹王研究会総会・研究大会
2018年4月13日立命館大学末川記念会館
45名参加

今回、初めて末川記念会館の会議室において午前中遺跡認定委員会・理事会を開催した。午後は立命館大学歴史都市防災研究所との共催で同研究所ホール開催中の特別展「災害文化遺産 日本の禹王遺跡と治水神・禹王信仰展」（3月16日～5月16日）の展示内容を説明しながら会場を見学し討論することにした。

やはり、本物の禹王関係展示品は強い感動を呼び起こすものである。そして、展示品を前にいろいろな議論がなされたのは貴重である。今後、これだけのものを一堂に集め見学できる機会はなかなかないであろう。

懇親会は地下のレストランカルムで実施、雰囲気のよい会場で和気あいあいの盛り上りをみせたと思う。

第6回治水神・禹王研究会総会・研究大会
2018年3月30日法政大学ボアソナードタワー26階
78名参加

今回は顧問の法政大学国際日本学研究所教授王敏先生のご好意で、東京都心の法政大学市ヶ谷キャンパスで開催した。会場は26階で、東京の都心を眺望できる絶好の環境であった。総会では役員の改選がおこなわれ、会長が大脇氏から植村氏へ交代、顧問、理事の新任者が増えた。とくに理事は8名から14名と大幅増となった。また監事が交代、事務局も足柄地区から関西地区へ移り、現在の体制となった。

総会終了後、会員でソプラノ歌手の橋本 京子さんが大禹歌などを熱唱、われわれも声を張り上げて熱唱した。

王 敏氏は「日中友好と禹王研究」と題した講演で、周 恩来の日本留学時代に京都嵐山の大悲閣千光寺を訪れたこと、同寺の禹王遺跡である黄檗高泉詩碑の関係を端緒に、周 恩来の果たした日中友好の展開を明らかにするとともに、王 敏氏が重ねてこられた日中友好事業の事例報告があった。

王 敏氏による特別講演「日中友好と禹王研究」

研究発表は大邑 潤三氏による「日本の禹王遺跡の分類と成立の背景」があった。大邑氏は月刊「地理」2011年11月号掲載の「日本禹王遺跡の分類と立地分析」の論考をもとに、禹王信仰の起源とその背景の考察をおこなった。近世期に禹王信仰が盛んになったのは、儒教政策を推し進める為政者から与えられた信仰であり、治水を担う禹は治水神として最適な存在であったと指摘した。また当日は王先生の関係で中国大使館の職員3名の方が参加された。

第7回治水神・禹王研究会総会・研究大会
2020年4月4日愛知大学　書面開催

愛知大学の飯塚 隆藤先生が会場、講演依頼、懇親会まで用意万端準備してくださったのだが、新型コロナウイルス感染症蔓延の危惧から大学側の処置により会場利用が禁じられ、中止を余儀なくされた。このため講演予定の藤田 佳久・中島 敏夫両先生、研究発表予定の水谷氏、木下氏には大変ご迷惑をおかけすることになった。また、中止への対応を事務局で相談の結果、書面総会に切り替えることになった。このため、総会資料などを急遽印刷し、3月17日に会員に郵送した。議事に関する賛否などはハガキにより返信してもらう方式になった。

第8回治水神・禹王研究会総会・研究大会
2021年3月27日　ハートピア京都4・5会議室
会場参加23名オンライン参加15名　計38名

コロナ渦中、会場開催すべきかどうか事務局で何度も議論した。しかし、お互いに顔を合わせることが大切では、との意見がつよかった。そこでズームによるオンライン配信を併用することで総会を開くことになった。会場は地下鉄丸太町駅に至近のハートピア京都を予約した。2月23日に総会資料を会員に郵送し、議案についてハガキによる賛否回答を郵送してもらい、会場でその結果を報告することになった。

3月9日、会場のwifi利用・配信の確認のため安田・飯塚両氏とPCを持込み予行をおこなった。無事に成功したので一安心。コロナ渦での新たな対応を迫られたが、PCに詳しいお二人の協力をえられたのはありがたいことだった。感謝。

当日は3台のPCを利用（スクリーン投影、会場撮影、招待許可）し、無事に会場とオンラインの併用ができた。研究発表は木下 晴一氏「秋田県二ツ井町梅津政景彰徳碑」。米代川に1631年（寛永8）の古い遺跡があるという驚きの報告、水谷容子氏「岐阜県海津市札野の大禹尊像」。海津サミット開催を機に地元からの連絡で新発見された松平義建による2体目の大禹尊像の報告であった。

また逵 志保氏が「徐福研究−中韓日の交流史」と題して特別講演。ご自分の徐福との出会いと研究の歩み、中国および日本の徐福伝承地や研究者との交流と共同調査の様子をわかりやすく解説された。そして、徐福と禹王研究との共通の問題や相違点について意見を述べられた。

最後に伊藤、関口、植村の3名から適切なまとめと建設的なコメントが述べられ、大変有意義であった。懇親会は開催していない。

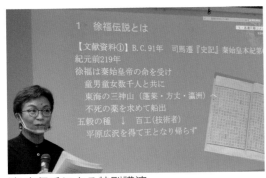

逵 志保氏による特別講演
「徐福研究−中韓日の交流史」

恒例の「エイ・エイ・ウオー」でコロナを吹き飛ばそう！
ハートピア京都にて（2021年3月）

第2回サミットを開催した片品村・古仲地区にある大禹皇帝碑。建立の経緯はまだ霧の中である

禹王サミットへの想い

大脇　良夫

　禹王に関心を持つ方々が一堂に会して語り合えたらどんなに面白かろう。そして遺跡現物の前で「おらが町の禹王さん」を見てもらい話し合えたら、どんなに楽しかろう。

　こんな構想を持ち始めたのは、2009 年の 7 月ごろであった。名称は「禹王サミット」と心に決めていた。しかし、各地の理解と協力が無ければ砂上の楼閣。手ごたえを確かめる旅を、足柄の歴史再発見クラブメンバーと夏頃から精力的に進めた。富士川、高松、臼杵、淀川、鴨川、広島、尾瀬片品への行脚であった。詳しくは、第 1 章、第 2 章をご参照頂きたいが、各地の反応は上々で “ 早くやるべし ” とはっぱをかけられたことも。

　禹王サミットの火付け役になろうと決めたのは、その年の暮れであった。原則を 1 つだけ決めていた。「主催者は現地。それぞれ我流でやってもらう。企画や運営の手助けは手弁当で、なんでも直ぐにやります」と新幹線やマイカーを駆使してかけつけた。

　2010 年神奈川県開成町、2012 年群馬県片品村、2013 年香川県高松市、2014 年広島県広島市、2015 年大分県臼杵市、2017 年山梨県富士川町、2019 年岐阜県海津市。7 回のサミットを 16 項目の視点から記録した。

　すんなり開催が決まることもあったが、開催までの道のりに紆余曲折がある場合が幾つかあった。何度も足を運んだこともあったが、苦痛を感じたことは一度もない。産婆役に徹した。その過程は②「開催に至る経緯」欄に記載した。また⑬「サミットの成果」、⑭「特記事項」から各地毎の味わいや特徴をお感じ頂けるかもしれない。

　痛恨の記録もある。第 4 回広島サミットでは、開催地付近が直前に大豪雨災害に見舞われ誌上での開催に切り替えられた。「開催断念」を飲む苦渋の決定会議にも立ち会った。「禹王遺跡あるところ自然災害の危惧有りの警告灯」であることを痛いほど突きつけられた。行事の記録を正確に綴るとともに、開催前・開催中・開催後のさまざまな想いの記録であることも申し上げておく。

　そして、各地でたくさんの方々のお世話になりました。片品村以降、海津市まで「開催に至る経緯」にお名前をあげさせて頂いた現地の方々は 40 名にものぼる。紙幅の関係で記載出来なかった方々にはお許し頂きたい。その方々も含め、実に濃密な時を共にさせて頂いた。

　禹王サミットは私の人生経営にとって大きな宝物である。またチャレンジしたいと思っている。

片品村が第 2 回サミットに名乗りを上げるきっかけをつくった、
足柄メンバーによる「片品研究ツアー」（2010 年 5 月 5 日〜 6 日）。
前列左から 3 人目が千明 金造片品村長、4 人目が露木 順一開成町長（いずれも当時）

第1回
全国禹王（文命）
文化まつり

①名称　　　　　　　第1回全国禹王（文命）文化まつり

②開催に至る経緯　　p6〜p8並びに、p14〜p16

③対象禹王遺跡　　　文命東堤碑・文命宮（1726年）、文命西堤碑・文命宮（1726年）

④実施日　　　　　　2010年11月27日（土）〜28日（日）

⑤会場　　　　　　　神奈川県開成町吉田島「開成町福祉会館」（懇親会とも）

⑥主催　　　　　　　第1回全国禹王（文命）文化まつり実行委員会

⑦実行委員長　　　　足柄の歴史再発見クラブ会長　佐久間 俊治

⑧事務局　　　　　　開成町役場自治活動応援課（小野部長、秋谷課長）

⑨後援　　　　　　　中華人民共和国駐日日本国大使館、神奈川県、社団法人日中友好協会、神奈川県
　　　　　　　　　　日本中国友好協会、小田原市・同教育委員会、大井町・同教育委員会、松田町・
　　　　　　　　　　同教育委員会、山北町・同教育委員会、開成町・同教育委員会、神奈川新聞社、
　　　　　　　　　　福澤神社、南足柄市班目自治会、山北町斑目自治会、酒匂川ネットワーク会議、
　　　　　　　　　　文化堂印刷（株）

⑩スケジュール概要　1日目　12時20分：オープニング行事、13時35分〜16時30分：各地区の禹
　　　　　　　　　　王碑発表（利根川水系：宮田 勝、酒匂川水系：関口 康弘、富士川水系：原田 和佳、
　　　　　　　　　　淀川水系：藤井 薫、香東川水系：北原 峰樹、太田川水系：福谷 昭二、臼杵川水
　　　　　　　　　　系：菊田 徹、司会：大脇 良夫）、16時45分〜18時：鼎談（開成町長：露木 順一、
　　　　　　　　　　法政大学教授：王 敏、片品村村長：千明 金造）18時15分〜19時50分：交流
　　　　　　　　　　懇親会　2日目　8時〜9時45分：自由参加現地見学（1回目）、10時〜11時半：
　　　　　　　　　　禹王サミット「禹王研究今後の方向」（各地区発表者：前日登壇の7名。コメンテー
　　　　　　　　　　タ：佛教大学教授 植村 善博、司会：大脇 良夫）、11時40分〜閉会行事、12時：
　　　　　　　　　　第2回サミット主催地挨拶　片品村村長 千明 金造、13時〜14時45分：自由参
　　　　　　　　　　加現地見学（2回目）

⑪現地見学内容　　　開成町福祉会館⇒酒匂川⇒春日森土手⇒文命西堤碑・文命西宮⇒岩流瀬土手（文命
　　　　　　　　　　西堤）⇒千貫岩⇒文命東堤碑、文命東宮、福澤神社、大口土手（文命東堤）⇒開成
　　　　　　　　　　町福祉会館。2日目に2回に分け実施。説明者は、関口康弘ほか足柄の歴史再発
　　　　　　　　　　見クラブメンバー。

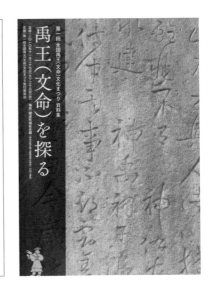

⑫参加者数	1日目　会場：500人、交流懇親会：126人

⑫参加者数　　　　　1日目　会場：500人、交流懇親会：126人

2日目　会場：360人、現地見学会：1回目50人、2回目70人

⑬製作物　　　　　　①B1ポスター②A4チラシ③『禹王サミットニュース』1〜5号④資料集『禹王（文命）を探る』（全109ページ。当日200円にて頒布。各地区禹王碑発表時のテキストに使用。650冊販売）、現地見学用案内資料

⑭サミットの成果　　1）累計参加者は2日間で1100人を数えた。地元住民は「酒匂川の文命」が100人を超える県外の方々の耳目を引いている姿に驚き、県外の方々は発表や資料集、見学を通じ「文命が酒匂川の治水神」として約300年間も大切にされている姿に感激の弁を述べられた。「文命」という禹王遺跡の価値が受けとめられ、市民権を得たと感じる瞬間であった。

2）交流懇親会、物産展を含めた手づくり感のあるサミット企画が参加者に好感をもって受け入れられた。全行事終了後（第2回開催決定の片品村に続き）、「おらが町でも開催出来ると嬉しい。そうなるように環境を整えていきたい」の声が握手と共に届いた。高松、広島、臼杵からであった。

⑮特記事項　　　　　1）中国社会科学院の重鎮で中国日本史学会会長の湯 重南博士が来場、王 敏先生（現 当会顧問）の通訳でスピーチされた。予定外のサプライズ来場に会場は大拍手で迎え日中友好ムードが高まった。

2）会場前広場で露店の物産展開催。4つのテントに17店舗がひしめいた。地元足柄の農産物に加え尾瀬の銘酒「禹王」や書冊『中国古代神話（北原 峰樹著）』、『臼杵史談』そして地元誌『富士山と酒匂川』などが人気を集めた。

3）11月27日（土）19時前と21時前の2回、NHKテレビ（関東甲信地区10都県）ニュースで「日本で初めて禹王サミット開催」の見出しで数分間紹介された。翌日、これを見て参加したと受付に申し出た方が数名いた。

4）全国初の前例のない行事に「足柄の歴史再発見クラブ」の総力が結集された。資料集『禹王（文命）を探る』（大井 みち編集）は、今なお通用する禹王研究書の始祖である。

⑯禹王遺跡数　　　　2010年11月27日現在　10河川18カ所

第一回全国禹王（文命）文化まつり　交流会座席表

※河川名はテーブル名を表しています

酒匂川（ホスト：吉井新太郎様 ／ 小林富幸様）
- 星野昌也様
- 相場圭子様
- 小林昭子様
- 関口弘弘様
- 高木昂司様
- 星野寛様
- 笠井清様
- 鈴木庄市様
- 利根川トヨ子様
- 前田豊子様
- 藤之氏恭子様
- 杉本美知子様

香東川（ホスト：大脇良夫様 ／ 及川昇司様）
- 久保典子様
- 岡部澄子様
- 北原峰樹様
- 押田洋二様
- 木下浩美様
- 倉田剛様
- 渡辺幸子様
- 小原真理子様
- 並河貴様
- 小野意雄様
- 佐藤洋子様
- 山田隆幸様

臼杵川（ホスト：小泉順治様 ／ 小泉君夫様）
- 真井ふく子様
- 大山好子様
- 菊田徹様
- 星野重雄様
- 星野城二様
- 萩原栄作様
- 大村学様
- 池田大美様
- 中村義治様
- 王寺非勤様
- 阮守勤様
- 樋口棄昭様

淀川（ホスト：植田土朗様 ／ 新井進様）
- 賀川母上様
- 賀川一技様
- 藤本英子様
- 藤井薫様
- 木村正彦様
- 石塚義孝様
- 辻千恵子様
- 吉田美江子様
- 高橋信充様
- 大庭洋子様
- 笠原信彦様
- 大竹将彦様

鴨川（ホスト：相馬美穂子様 ／ 大邑潤三様）
- 大石英一郎様
- 千明政夫様
- 小澤和夫様
- 植村善博様
- 内田智雄様
- 菊池晃三様
- 福島忠治様
- 荻野喜久江様
- 荻原邦男様
- 星野善美雄様
- 山下靖典様
- 長沼節夫様

太田川（ホスト：井上三男様 ／ 山田行雄様）
- 土屋和彦様
- 立花靖弘様
- 石川又一郎様
- 福谷昭一様
- 勝俣淳一郎様
- 渡辺敏一様
- 宇田行雄様
- 安本勝子様
- 片山幸和様
- 菊川敬人様
- 荻原伸之様
- 萩原武治様

片品川（ホスト：佐久間俊治様 ／ 込山敏子様）
- 入澤登喜夫様
- 茅沼隆文様
- 内田清様
- 宮田勝司様
- 諸星充様
- 松崎勝明様
- 神保憲朗様
- 三浦光子様
- 渡邊美宏様
- 安伊佐子様
- 出美恵子様
- 石軍様

浜川（ホスト：小早川のぞみ様 ／ 大邑潤三様）
- 千明金造様
- 高野倉和央様
- 湯南重剣様
- 神谷俊広様
- 久保幸雄様
- 王敏様
- 松浦晃幸様
- 薛陳評広様
- 露木順一様
- 井上宣久様

富士川（ホスト：久保田和男様 ／ 小林秀樹様）
- 府川秋文様
- 星野準一様
- 荻原重夫様
- 原田和佳様
- 田島幸子様
- 鳶靖子様
- 吉川博之様
- 植田博之様
- 藤井良晃様
- 小澤均様
- 坊野正弘様
- 長谷川佳弘様

ステージ

司会

第2回
全国禹王まつり
禹王サミット
　in　尾瀬かたしな

①名称　　　　　　　第2回全国禹王まつり　禹王サミット in 尾瀬かたしな

②開催に至る経緯　　2009年12月と2010年3月に夫々1泊2日で大脇、井上ら片品村訪問、全国禹
　　　　　　　　　　王遺跡調査結果や「第1回全国禹王（文命）文化まつり」開催などの情報交換を
　　　　　　　　　　した。片品村では、この間の2月1日付で宮田 勝会長のもと「大禹皇帝碑顕彰会」
　　　　　　　　　　（会員20名）を結成し篆書体碑文の解読や建立意図の解明に取組んだ。3月訪問時、
　　　　　　　　　　千明 金造村長、宮田会長から第2回サミットを2012年片品村で開催検討中との
　　　　　　　　　　嬉しい打診があった。大歓迎だが来る5月6日に開成町露木町長はじめ足柄の歴
　　　　　　　　　　史再発見クラブ約20名が片品村を表敬訪問することになっているので、その席
　　　　　　　　　　で正式発表出来るよう宮田さんと役場（むらづくり観光課 木下 浩美課長、星野
　　　　　　　　　　秀弘職員）と大脇で下準備を整えることにした。
　　　　　　　　　　2010年5月6日、第2回サミット開催地が群馬県片品村に正式決定した。

③対象禹王遺跡　　　「大禹皇帝碑」1874年、「禹王之碑」1919年

④実施日　　　　　　2012年10月20日（土）〜21日（日）

⑤会場　　　　　　　群馬県利根郡片品村鎌田3982「片品村文化センター」
　　　　　　　　　　交流懇親会場：岩鞍リゾートホテル

⑥主催　　　　　　　禹王サミット in 尾瀬かたしな実行委員会、（財）自治総合センター

⑦実行委員長　　　　宮田　勝（大禹皇帝碑顕彰会会長）

⑧事務局　　　　　　片品村役場　むらづくり観光課（木下 浩美課長、星野 秀弘職員）

⑨後援　　　　　　　総務省、群馬県利根沼田県民局、（公社）日本中国友好協会、群馬県片品村、片品
　　　　　　　　　　村教育委員会

⑩スケジュール概要　1日目13時45分:オープニング行事。14時15分〜15時45分:基調講演1「な
　　　　　　　　　　ぜ片品に大禹皇帝碑があるのか」佛教大学教授 植村 善博、基調講演2「禹の治績
　　　　　　　　　　と中国基層文化」東京大学名誉教授 蜂屋 邦夫、16時〜16時45分:研究発表1
　　　　　　　　　　「中国と日本各地の禹王遺跡」全国禹王碑研究家 大脇 良夫、研究発表2「大禹皇
　　　　　　　　　　帝碑の解読の現況」禹王サミット in 尾瀬かたしな実行委員長 宮田 勝、16時45
　　　　　　　　　　分〜17時:「夏の思い出」片品村中学校3年生41人による合唱（指揮：星野 大
　　　　　　　　　　輝さん、伴奏:安藤 千雨先生）、17時〜18時:パネルデスカッション「禹王サミッ

トとまちおこし〜禹王碑所在地代表者4人が語る〜」高松市 古川 京司、広島市
福谷 昭二、開成町 佐久間 俊治、片品村 大竹 将彦、コーディネーター 大脇 良夫、
18時35分：移動、18時55分〜20時30分：懇親交流会

2日目 8時30分〜9時45分：現地視察、10時〜10時40分：基調講演3「日
中が共有する禹王」法政大学教授 王 敏、10時40分〜11時20分：フリートーク「ウ
オー」会場フロアーからの質問に答える。コーディネーター ミツカン『水の文化』
編集長 賀川一枝、11時20分〜11時30分：「片品から高松へ」片品村 千明 金
造村長から高松市栗林公園 古川 京司所長へバトンタッチ。挨拶と握手、そして
エイ・エイ・ウオーでしめる。

⑪現地見学内容　片品川畔に立つ古仲地区の大禹皇帝碑。説明者は、笠原 信充さんなど「大禹皇帝
碑顕彰会」メンバー。

⑫参加者数　1日目 会場：700人、交流懇親会：150人
　　　　　　2日目 会場：400人、現地見学会：100人

⑬製作物　①B1ポスター②A4チラシ③資料集『禹王サミット in 尾瀬かたしな』(36ページ)
④パンフレット「かたしな・大禹皇帝碑・七つのミステリー」村内ホテルや土産物店、
集会場などに常時おかれ自由に持ち帰れる。横10.5×縦30cm折りたたみ版。
その謎の深さとロマンから片品村サミット参加者の瞳は、開場前から輝き続けた。

⑭サミットの成果　中国の岣嶁碑と類似の篆書体の碑がなぜ片品村に建碑されたか？ 楷書体で書かれ
た平川不動尊の「禹王之碑」建立の意図？ 親章先生とは？ などの不思議は大い
なる関心を集め、大いに前進し有力な仮説も立てられた。しかし確定するには至
らなかった。それどころか、片品サミット後、宮城県加美町からも同じ篆書体の
岣嶁碑「大禹之碑」が発見された。片品村「大禹皇帝碑」より12年さかのぼる
1862年建立で謎は深まるばかり(『治水神・禹王研究会誌』創刊号54ページ参照)。
「大禹皇帝碑」は、2024年に建碑150周年を迎える。資料集『禹王サミット in
尾瀬かたしな』での賀川一枝による論考「禹を辿る日本・中国4年間の歩み」な
どを基に新しいメンバーで検証を進めるなどして、解明されんことを切に祈るば
かりである。

⑮特記事項　片品サミットは、宮田 勝リーダーと2人の番頭役 笠原 信光、大竹 将彦を擁した大禹皇帝碑顕彰会の下で恙なく成功裡に終了した。今、このトリオは揃って他界された。片品サミットから10年、筆をとりながら感慨に耽っている。3人は天界でも禹を論じ合っておられるに相違ない。宮田氏は2020年11月10日帰天されたが、その年の1月自伝書『片品に活きる』を発刊された。125ページの渾身の書である。自伝書とともに『治水神・禹王研究会誌』第8号40〜52ページ賀川一枝寄稿「宮田 勝さん最後の執念」を併せ読むと「宮田さんの人間像」が鮮やかに浮かび上がってくる。91年間を颯爽と生き抜いた快男児であった。

この宮田さんを行政面で支えたのが、千明村長と木下課長（のちに副村長）であった。本項で特出したこの5人は、筆者（大脇）の企業人生では出会えなかった「独特・繊細・叡智・豪快・ユーモア」を持ち合わせた傑物であった。この方々にお会い出来ただけでも、禹に関わった価値があったと納得している。

片品サミットの前年、2011年未曽有の大災害「3・11東北地方太平洋沖地震」の直後、全国のどこよりも早く被災者1千人の受け入れを即断実行された千明村長の英知は、不幸中の快挙であった。

さすが大禹皇帝碑建立地と拍手した。大禹皇帝碑の偉大さ、奥深さの解明はまだまだ先で良かろうとも思えてきた。

⑯禹王遺跡数　50カ所。資料集『禹王サミットin 尾瀬かたしな』30ページに詳報。（2012年10月20日現在）第1回開成サミット時には、18カ所にすぎなかったからサミット開催による刺激の効果大なることを示していよう。

実行委員長を務めた宮田 勝さん。大禹皇帝碑の前で

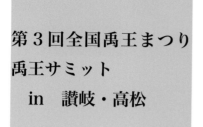

大禹謨を再発見した平田 三郎の
子女で当会会員の岡部 澄子さん

①名称　　　　　　　第3回全国禹王まつり　禹王サミット in 讃岐・高松

②開催に至る経緯　　2009年8月16日から2011年3月までの約1.5年間に足柄の歴史再発見クラブ
メンバーや大脇は、高松を計5回訪問した。訪問するたびに「西嶋 八兵衛と大禹
謨碑」に関する研究者や文献の豊富さに「禹王サミット」開催地にふさわしいと
実感する。

注目したのは5点。①西嶋 八兵衛と大禹謨に関する豊富な研究の積上げ（昭和
37年刊、藤田 勝重の名著『西嶋 八兵衛と栗林公園』はじめ、栗林公園事務所内
の書架だけでも数十冊）、②多彩な研究者層（川添 和正、北原 峰樹、佃 昌道、木
下 晴一の各氏。お会いした順に氏名だけあげたが専門分野が違うとともに個性
的）、③市民への啓発活動が盛ん（四国新聞記事や香川地理学会論文。1991年創
刊の県立香川中央高校生徒会誌の題名は『大禹』）、④生活文化への浸透がみられ
る（和菓子「八兵衛餅」や「大禹謨」、清酒「大禹謨」の販売）、⑤栗林公園は、
昭和37年発足「大禹謨顕彰会」の推進センター役を果たしてきた。たびたびお
会いした江森 美恵子所長、高橋 司枝副所長コンビは、企画力、実行力、おもて
なしのプロで禹王サミット開催の好適地との確信を深めていた。

開成町での第1回サミットの翌年2011年3月、江森所長と大脇ふたりして香川
県庁を訪ね、江森さんの上司（香川県観光交流局長）に「高松サミット」計画構
想を説明、その場でOK＆GOを頂いた。翌月、江森さんは本庁の幹部職に栄転
され淋しく思ったのも束の間、後任の古川 京司所長の頭と脚の回転の速さで高松
サミットは2年後に向け順調に走り出してゆく。

③対象禹王遺跡　　　大禹謨（1637年頃）

④実施日　　　　　　2013年7月6日（土）〜7日（日）

⑤会場　　　　　　　メイン会場：香川県高松市香川町「特別名勝　栗林公園」　商工奨励館北館
　　　　　　　　　　懇親会場　：ルポール讃岐（栗林公園北門より徒歩1分）
　　　　　　　　　　閉会行事会場：高松市立大野小学校体育館

⑥主催　　　　　　　香川県、公益社団法人香川県観光協会、栗林公園にぎわいづくり委員会

⑦実行委員長　　　　佃 昌道（高松大学学長、高松短期大学学長）

実行委員長を務めた佃 昌道さん
（左）と王 敏さん

⑧事務局	栗林公園観光事務所
⑨後援	大野校区コミュニティ協議会

⑩スケジュール概要　1日目13時：開会行事 「挨拶」香川県知事 浜田 恵造、西嶋 八兵衛顕彰会会長 綾田 福雄、「祝辞」香川県議会議長 水本 勝規、香川県議会観光議員連盟会長 鎌田 守恭、開成町長 府川 裕一、片品村長 千明 金造、13時30分〜16時15分：講演「東アジアと日本の禹王遺跡」佛教大学教授 植村 善博「大禹と書経・大禹謨とは」県立高松桜井高校教諭 北原 峰樹、「讃岐のため池文化」農学博士 長町 博、「西嶋 八兵衛と大禹謨」高松短期大学講師 藤井 雄三、16時30分〜17時45分：パネルデスカッション「大禹謨は何を伝えるのか」コーディネーター 高松大学学長 佃 昌道、禹王遺跡行脚研究家 大脇 良夫、禹王サミット in 広島実行委員長 福谷 昭二、かがわ県産品振興機構専務理事 三谷 雄治、高松短期大学講師 藤井 雄三、18時30分〜20時15分：交流懇親会

2日目　8時30分〜10時：現地視察「大禹謨のふるさと」内容は⑪参照、10時〜11時45分A・Bの2班に分かれる。Aコース「大禹謨のふるさと」、Bコース「ため池文化から学ぶ水文化」。基調講演「大禹謨のなぞ」佃 昌道、パネルデスカッション「香東川の川筋と大禹謨」香川地理学会副会長 出石 一雄、香川埋蔵文化財センター主任文化財専門員 木下 晴一、県立高松桜井高校教諭 北原 峰樹、コーディネーター高松大学学長 佃 昌道。11時45分〜12時：閉会行事、高松から広島へバトンタッチ（香川県観光交流局長 岡 輝人〜NPO法人佐東地区まちづくり協議会長 森澤 賢樹）エイ・エイ・ウオーを唱和。

⑪現地見学内容　Aコース「大禹謨のふるさと」香川中央高校屋上（香東川の流れを概観）〜大禹謨出土地〜香東川河川敷、説明者 北原 峰樹。Bコース「ため池から学ぶ水文化」龍満池、説明者 満濃池土地改良区前理事長 冨田 甫、新池視察、説明者 浅野土地改良区理事長 上原 勉。

⑫参加者数　1日目　会場：約250人、交流懇親会：80人
　　　　　　2日目　現地見学会：80人（Aコース40人、Bコース40人）閉会式：80人

⑬製作物、出版物　①A4チラシ②大禹謨碑現地見学会資料（A4裏表2枚）③「大禹謨のなぞ」みん

足柄メンバーが栗林公園に足繁く訪問した当時の所長 江森 美恵子さん（左）、副所長 高橋 司江さん

高松サミット前夜、出来立てホヤホヤ書籍 2 冊を携えて。前列右から、北原 峰樹さん、岡部 澄子さん、大脇 良夫さん。後列右から久保 典子さん、河内 勢津子さん

なで学ぼう大野の歴史（14 ページ）④『禹王サミット in 讃岐・高松』報告書（54 ページ）

⑭サミットの成果　高松で治水神・禹王研究会発足：7 月 6 日（土）高松サミット初日夜の交流会の宴たけなわを見計らい大脇より提案し、盛大な拍手で承認された。佛教大学の植村教授と事前に練った「治水神・禹王研究会発足と会員募集のお知らせ」（22 ページ参照）をその場で配布し説明した。

⑮特記事項　2006 年から 2010 年の約 5 年間、足柄の歴史再発見クラブ中心に展開されたディスカバー禹王運動にリサーチ軸を強化し禹王研究を深化させようとしたのが植村教授で、2011 年から毎春京都で「全国禹王研究者集会」を開催していた。我が国初の禹王研究の本格書『治水神禹王をたずねる旅』（人文書院刊）は、この研究集会のパワーの結実で高松サミット開催に合わせ全国発売された。高松サミットでは登壇者も多彩になり内容も盛り上がりをみせていた。もっと上を目指し切磋琢磨したいとここに集う方々のエネルギーが結集し「治水神・禹王研究会」が誕生した。生まれるべくして産まれた感がする。会長に大脇、副会長に植村がその場で選任され 60 人が直ちに入会した。交流会の雰囲気はいっそう盛り上がり明日への期待で高松の夜は燃えに燃えた。

1）『禹王サミット in 讃岐・高松』報告書（54 ページ）は、講演（初日 4 本、2 日目 1 本）並びにパネルデスカッション（初日、2 日目各 1 本）の発言をテープ起こしの上、あまねく再現編集した労作である。禹王遺跡、大禹謨を多角的に学習するのに好適である。

2）7 月 7 日（日）の香東川見学時、河川敷の一角で地元高校生からお茶のサービスがあった。炎天下のオアシス。優しいおもてなしに参加者全員「ありがとう 美味しい！」を連発した。

3）高松サミットを期して刊行の 2 冊の書が受付で特別販売され行列が出来た。『治水神禹王をたずねる旅』（大脇 良夫・植村 善博編著）と『大禹謨再発見〜それを受け継ぐひとたち〜』（北原 峰樹・岡部 澄子著）であった。2 冊同時の購入価格 2,500 円（655 円引き）が好評だった。

⑯禹王遺跡数　（2013 年 7 月 6 日現在）63 カ所。2012 年片品サミットでは、50 カ所。

第 4 回全国禹王まつり
禹王サミット
　in　広島（平和都市）

①名称　　　　　　第 4 回全国禹王まつり　禹王サミット in 広島（平和都市）

②開催に至る経緯　2009 年 11 月：足柄の歴史再発見クラブ一行 10 名（露木、大脇ら）が広島の大
禹謨碑、太田川高瀬堰見学後、広島市佐東公民館にて地元の研究者 13 名（福谷
昭二夫妻、池田 英彦、吉野 宣生ら）と 2 時間、禹王で結ばれたご縁「広島と開
成町の歴史と文化を語り合う会」を設け大いに盛り上がった（p7 参照）。大禹謨
碑建立者 池田 早人の長男 英彦氏の「父を語る」に出席者一同感激した。

2010 年 11 月：第 1 回開成サミットに福谷 昭二氏参加。

2011 年 3 月：佐東地区まちづくり協議会（海徳 貢会長）より「広島でサミット
を開催したい。年齢が進んでおり出来るだけ早期に」の希望。当時、2012 年片品村、
2013 年高松、2015 年臼杵が決まっていたので広島開催は 2014 年に決定。実行
委員長に福谷 昭二氏が就任した。

2012 年 10 月：片品サミットに 14 人、

2013 年 9 月：高松サミットに 40 人が広島から参加。

2013 年 4 月 8 日：推進の柱である海徳 貢会長が急逝。後任の協議会会長に森澤
賢樹氏が就く。

11 月：佐東地区まちづくり協議会 25 周年式典で松井 一實広島市長が、「来年の
禹王サミット in 広島の開催に際して名誉会長としてお手伝いしたい」の発言あ
り大いに盛り上がった。

2014 年 8 月 20 日：大禹謨碑が存在する梅林小学校区内にて土砂災害発生。多数
の死者が出る。

同年 9 月 1 日：まちづくり協議会（森澤 賢樹会長）理事会にて広島サミット開催
中止を決定。3 年間準備に専心された実行委員会メンバーの方々の悲痛な決断の
瞬間を目の当りにし筆者も涙を禁じ得なかった。2 カ月後をめどに、中止に至る
経緯を盛った記念誌の発行を以って「誌上開催」とすることになった。なお、サミッ
ト 2 日目の会場予定であった佐東公民館は、155 世帯 580 人の被災者の避難場所
となっていた。被害の凄まじさが推察される。

同年 11 月 20 日：『大禹謨から学ぶ禹王と治水〜禹王サミット in 広島〜』刊行。

1000部印刷され、地域住民や禹王研究会員、サミット参加予定者に配布された。
同年11月26日：「第4回開催地広島から第5回臼杵へのバトンタッチ式」が大禹謨碑の前で行われた。臼杵からは疋田 忠公実行委員長、菊田 徹副会長、椎原 正次副会長、竹内 義昭事務局長の4人、広島からは森澤 賢樹会長、福谷 昭二実行委員長、笹岡 繁事務局長、高橋 恒治さんら6人だった。大脇の発声で唱えた恒例の「エイ・エイ・ウオー！」が大きくこだましました。広島サミット推進者の皆さまの肩の荷が、少しだけほどけたと思えるひとときであった。

③対象禹王遺跡	大禹謨（1972年）
④実施日（予定）	2014年10月18日（土）～19日（日）
⑤会場（予定）	1日目：平和記念公園内「広島国際会議場」国際会議ホール　ひまわり 　　　　交流懇親会場は、近接の「メルパルク広島」 2日目：現地見学後、「佐東公民館」
⑥主催	NPO法人 佐東地区まちづくり協議会 協議会内に第4回「禹王サミット in 広島」実行委員会を置く。 名誉会長　松井 一實（広島市長）、会長　森澤 賢樹（佐東地区まちづくり協議会長）
⑦実行委員長	福谷 昭二
⑧事務局	佐東地区まちづくり協議会（高橋 恒治、吉野 宣生、山田 仁恵、溝畑 聖）
⑨後援	広島市、国土交通省中国地方整備局太田川河川事務所、公益法人広島市文化財団、広島佐東ライオンズクラブ、佐東地区社会福祉協議会連絡協議会、佐東体育協会、せせらぎ会、治水神・禹王研究会
⑩スケジュール概要（予定）	1日目12時10分～12時30分：原爆死没者慰霊碑献花（代表献花・大脇 良夫）13時30分～14時20分：オープニング行事、14時20分～15時：報告1「広島大禹謨の概要と建碑のいきさつ」佐東地区まちづくり協議会 刀納 正明、15時～15時50分：報告2「広島大禹謨の継承・学習活動（地元梅林小学校の取組）」と「大禹謨碑ワークショップ」（広島経済大学学生の企画運営による夏休み梅林小学校4年生への働きかけ）。16時～16時50分：講演1「禹王遺跡の国際的分布と広島の大禹謨碑」佛教大学教授 植村 善博、16時50分～17時40分：講演2

「大禹謨ノミクス」法政大学教授 王 敏、18 時〜20 時：交流懇親会（会場：メルパルク広島）

2 日目　8 時〜9 時 50 分：現地見学（内容は⑪参照）、10 時〜11 時 20 分：シンポジウム「広島大禹謨碑の今後の活用〜まちづくり、人づくり、文化づくり〜」コーディネーター：福谷 昭二（広島サミット実行委員長）、メンバー：国兼 康子（阿佐南区役所地域起こし推進課長）、笹岡 繁（佐東地区まちづくり協議会禹王サミット部長）、菊田 徹（臼杵史談会会長）、大脇 良夫（治水神・禹王研究会会長）、11 時 20 分〜11 時 50 分：閉会行事（広島から臼杵へバトンタッチ）

⑪現地見学内容（予定）	宿泊先（メルパルク広島、並びにリーガロイヤルホテル広島）発のバスに分乗し太田川放水路〜祇園水門〜大芝水門〜太田川東岸〜高瀬堰（バス車内での説明者は、太田川河川事務所職員）を経て、9 時に大禹謨碑前に到着。大禹謨碑見学後、佐東公民館へ集合。
⑫参加者数	前述の通り、直前の広島・安佐南区土砂災害により中止となった。参加予定者は、2 日間延べで約 600 〜 800 人を想定していた。
⑬製作物、出版物	①大判ポスター②A4 チラシ③パンフレット『DAIUBO　だいうぼ　大禹謨』④誌上開催誌『大禹謨から学ぶ禹王と治水〜禹王サミット in 広島〜』③のパンフレットは見開き 6 ページで「大禹謨ってどんな石碑」を副題とし、小学生や地元住民にもわかりやすく挿絵と写真を豊富に取り入れている。内容的に 3 つの見どころがある。1）当時 50 カ所に存在した禹王遺跡を日本地図上にプロット。2）大禹謨碑の碑文全文を漢字にフリガナ付きで紹介。3）太田川流域の洪水被害解説などを盛った労作で現在も地元小学校で使用されている。
⑭サミットの成果	成果と謳っての記載は難しい。敢えて言えば、禹王遺跡（特に治水関係地）の存在地は、今なお、自然災害の危険と同居しており「油断大敵。備えよ」を強く警告するものとなった。
⑮特記事項	①広島サミット中止決定の約 2 週間後の 9 月 16 日、高松市に本拠を持つ菓子舗「かねすえ」の包末 招さんと山田 孝士さんが菓子「大禹謨」1000 個を携え梅林小学校（生徒数 700 人）を慰問された。梅林小体育館には当時、避難本部が設置されており、被災者の方々にも配られ話題になった。「大禹謨のご縁で届けられた善意」として「中国新聞」と「四国新聞」が紙面で報じた。 ②77 人の犠牲者を出した広島土砂災害から 7 年目を迎えた 2021 年 8 月 20 日安佐南区八木・緑井地区で発生時刻の午前 2 時に慰霊碑前で追悼の会が行われた。ちょうど広島サミットについて本原稿を執筆している折に「忘れまじ広島土砂災害に住民ら誓う」の報道を目にし記憶が蘇った。
⑯禹王遺跡数	(2014 年 9 月現在) 91 カ所、2012 年高松サミット開催時 63 カ所から急増した。サミットを重ねるたびに禹王遺跡への関心の輪が拡がっている。

第4回全国禹王まつり

禹王サミット in 広島［平和都市］

開催日：2014年10月18日（土）・19日（日）

この度の集中豪雨により安佐南区佐東地区では甚大な被害が発生しました。
この現状を熟慮しまして今回のサミットは誌上開催といたします。

大禹謨碑から学ぶ、禹王と治水

主　催：NPO法人（特定非営利活動法人）佐東地区まちづくり協議会

後　援：広島市、国土交通省 中国地方整備局 太田川河川事務所、
　　　　公益財団法人広島市文化財団、広島佐東ライオンズクラブ、
　　　　佐東地区社会福祉協議会連絡協議会、佐東体育協会、せせらぎ会、
　　　　治水神・禹王研究会

第4回全国禹王まつり 「禹王サミット in 広島」大会開催中止の経緯

禹王サミット in 広島実行委員会委員長　福谷 昭二

（「治水神・禹王研究会誌」2号31～32ページを再掲）

1．はじめに

今年開催を予定し、準備してまいりました上記大会の開催中止については、治水神・禹王研究会大脇 良夫会長をはじめ役員及び会員の皆様に多大なご心配をおかけしましたことを、まずもって深くお詫び申し上げます。

今回の措置となりましたことは、既に御手許にお届けいたしました資料集に概略を記させて頂きました。本稿ではそれ以外の諸状況も交えて報告いたします。

2．今回の広島豪雨土砂災害の規模とその影響

私たち広島の実行委員会が10月の大会開催を前に諸準備を具体化させる段階の8月20日未明に当地区は未曽有の豪雨土砂災害に見舞われました。特に今回の災害で最も被害を受けたのが梅林小学校区でした。犠牲になられた方の約90％が本学区内の住民の方々でした。大禹謨碑そのものには被害はありませんでしたが碑は本学区内の所在であります。禹王サミット第2日目のシンポジウムは本学区内の佐東公民館が会場として予定されておりました。佐東公民館へは一時最大155世帯530人の被災者を受け入れておりました。

禹王サミット第1日目には広島国際会議場で梅林小学校5年生全員による大禹謨碑の学習成果の舞台発表を予定していました。梅林小学校では発表の準備や練習などで校内の施設・設備の利用が本格化する時期でした。しかし、体育館は避難本部が設営され、教室の大部分へも最大313世帯651人の被災者を受け入れました。9月に入っても二学期の授業の開始を遅らせる状況が続いていました。

梅林小学校では昨年度から教育活動の中で地域学習、総合学習、社会科学習などで系統的に大禹謨碑を教材として取り入れつつあり、今後その充実と発展が期待されるところです。その背景には近世に開削され、農業用水として今日でも活用されている八木用水の以前からの積極的な学習の積み上げがあります。

豪雨土砂災害発生以来、国・県・市などの行政機関による被災者の救出、行方不明者の捜索、被災地の復旧、防災施設整備などへの積極的な取り組み、被災地域の自治会の活動、近隣や全国からのボランティア活動などが続けられました。旧佐東町域の八木小学校は最大120世帯283人、緑井小学校は同じく最大50世帯132人の被災者を受け入れました。そうした中、旧佐東町域全体で永年続けられてきた地域のまちおこしや社会福祉関連、体育関係行事も順次中止されていきました。梅林学区の場合は資料集で紹介した現状でした。

3．中止に至る論議の概要

私たち実行委員会では、こうした状況の下、2カ月後に迫った大会の開催について、計画通りに開催の準備を進めました。同時に豪雨土砂災害発生以後は実情の把握と分析とともに、サミット開催の是非についても論議を重ねました。最終結論は遅くとも9月上旬には出すべく実行委員会事務局では毎週の定例会議で論議を進めました。

その視点として、①大会開催を無期延期する（この事業の年次構成、来年度の全国大会の開催地が決定していることなど）②計画通り実施する（豪雨土砂災害が最大規模となった大禹謨碑所在の学区内の人々の心情を受け止めた実施が可能かどうか）③実施内容を検討し部分的な修正を行った実施の可能性（昨年度までの大禹謨碑の啓発活動、大会での舞台発表児童、指導の先生方、開催会場とのかかわり）④会場確保その他（全国からの参加者や地域からの参加者の調整など）を検討し、9月1日の理事会で最終結論を出すべく協議しました。その結果以下のように決定しました。

（1）今回の「禹王サミット in 広島」は大会開

第3回禹王サミット（高松）には、次の開催地の広島から40人もの参加があった。2014年の土砂災害によりサミット開催中止を余儀なくされたことの無念さは計り知れない。

催を中止とする。

（2）大会当日配布予定の資料集は、大禹謨碑関係についての諸記録、大会開催中止の経過を収録し、発行する。

（3）資料集は、治水神・禹王研究会、関係諸機関・団体、禹王サミットへの参加申込者、地域住民組織などへ配布し、これをもって誌上サミットとし、第4回全国禹王まつり「禹王サミット in 広島」の開催とする。

なお、大会開催中止の結論については、大脇 良夫会長をはじめ治水神・禹王研究会の役員及び会員の皆様方には格別のご理解とご配慮を頂きました。とりわけ、大会で基調講演をお願いしていました佛教大学の植村 善博教授、法政大学の王 敏教授にはご無理をお願いし、講演内容を論文執筆して頂き資料集に掲載しました。

更に、治水神・禹王研究会の会員の皆様、次回開催の臼杵市の皆様には災害義援金やお見舞い、差し入れの菓子等多くのご厚情を賜りました。地域を代表してお礼申し上げます。

4．次回開催地の実行委員会への引き継ぎ

11月26日には、大分県臼杵市から第5回「禹王サミット in 臼杵」大会実行委員会から、疋田会長他3名の幹部役員に広島にお越しいただき、「禹王サミット in 広島」の実行委員会から事務引き継ぎを済ませました。その後、禹王碑前で治水神・禹王研究会大脇会長の立会いの下「エイ・エイ・ウオー」のバトンタッチの儀式も実施しましたことを報告します。

添付資料

① 8月21日の朝日新聞1面（p40）

② 11月20日の中国新聞記事（サミット中止で「禹王」を冊子に）（p40）

臼杵市へのバトンタッチ。大禹謨碑の前で

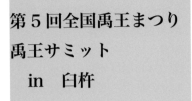

第5回全国禹王まつり
禹王サミット
　　in　臼杵

①名称	第5回全国禹王まつり　禹王サミット in 臼杵
②開催に至る経緯	2010年11月開成町開催の第1回サミット会場で大脇 良夫より、九州から唯一の参加者で「禹稷合祀の壇」の報告者である菊田 徹委員（当時：臼杵市教育委員会文化財専門員）に「近い将来、ぜひ臼杵サミットを開催されたい。治水（禹）と五穀豊穣（稷）の2神を祀る大禹后稷合祀碑とお祭りを全国の方々に披露頂けたら感動の輪が拡がります。第2回が2012年尾瀬・片品村、第3回が2013年高松に内定しているので2015年が望ましい」と検討を依頼した。菊田は所属する「臼杵史談会」にはからい、2012年10月20日第2回サミット会場の片品村にて「臼杵サミットを2015年に開催する」と発表した。経緯の詳細は、『治水神・禹王研究会誌』第3号40～45ページ並びに同会誌第2号37ページ（共に菊田 徹氏の筆）に記されているので参照されたい。
③対象禹王遺跡	大禹后稷合祀の壇、大禹后稷合祀の碑（共に1740年建立）、不欠塚（1838年）
④実施日	2015年9月12日（土）～13日（日）
⑤会場	大分県臼杵市中央公民館、懇親会：久家の大蔵
⑥主催	第5回全国禹王まつり・禹王サミットまつり in 臼杵大会実行委員会
⑦実行委員長	疋田 忠公委員長（当時「下南地域振興協議会たていし」会長）
⑧事務局	臼杵市歴史資料館
⑨後援	臼杵市、臼杵市教育委員会、臼杵ケーブルネット（株）、大分合同新聞社、ＯＢＳ大分放送、ＴＯＳテレビ大分、ＯＡＢ大分朝日放送、治水神・禹王研究会
⑩スケジュール概要	1日目　13時30分開会行事　主催者あいさつ：臼杵大会実行委員会会長 疋田 忠公、来賓紹介、歓迎あいさつ。14時～15時30分基調講演：「近世大分の治水・利水と禹稷合祀の壇」別府大学学長 豊田 寛三。15時40分～17時パネルディスカッション：『各地からの報告～禹王遺跡の活用と今後の課題を探る～』コーデネーター：大脇 良夫（治水神・禹王研究会会長）、パネリスト：菊田 徹（臼杵史談会会長）、笹岡 繁（佐東地区まちづくり協議会常任理事）、北原 峰樹（香川県立桜井高校教諭）、宮田 勝（片品村文化財調査委員会委員長）、王 敏（法政大学国際日本学研究所教授）。17時～交流会場（久家の大蔵）へ移動し18時～20時交流懇談会。

45

左から、疋田 忠公委員長、竹林 征三さん、大脇 良夫。「2017年富士川で会いましょう」の一言で終わるはずが、竹林さんの治水の話に一同しばし耳を傾けることに…

2日目　8時〜10時30分：現地巡検。10時45分〜12時15分（初日会場の中央公民館大ホールにて）以下の順で総括全体会を実施：①佛教大学教授 植村 善博「禹王遺跡の東アジアにおける広がりと禹王サミットの成果」、②当会顧問 露木 順一「禹王サミットを活かした地域振興と今後」、③臼杵大会実行副委員長 菊田 徹「禹王サミット in 臼杵まとめ」。12時15分〜12時30分閉会行事：疋田 忠公委員長による閉会挨拶に続き、2017年第6回開催地（山梨県富士川町）を代表し富士常葉大学名誉教授 竹林 征三が登壇。「2年後に富士川でお会いしましょう」の締めくくりで終了した。

⑪現地見学内容	混雑を避けるため、バス2台に分かれ、巡回コースを逆順に設ける配慮がなされていた。以下は筆者(大脇)の搭乗コース順だが両コースとも最後は「禹稷合祀の壇」で合流し、当日開催の「禹王塔まつり」を見学した。まず農業水路 岩崎井路（1824年完成）、禹王遺跡の不欠塚を見学後、立石山に登り付近全体を俯瞰した。禹王塔まつりでは神事のあと、三輪流臼杵神楽の奉納、奉納相撲大会を堪能。荘厳な雰囲気のあと、1740年建立の禹王遺跡（大禹后稷合祀の壇、大禹后稷合祀の碑）を見学した。
⑫参加者数	1日目：会場500人、交流懇親会：120人 2日目会場200人、現地見学会：90人、オプション（臼杵サミット終了後の臼杵市街まち歩き）参加者20人
⑬製作物、出版物	①大判ポスター②A4チラシ③『禹王サミット in 臼杵』④事前資料集(37ページ)⑤報告書（50ページ）
⑭サミットの成果	「THIS　IS　禹王サミット」 サミットの形が見事に完成したと実感させられた大会であった。事前準備から当日の運営（全体集会、交流懇親会。見学会）、そして終了後の報告集作成の全工程が見事に完璧に遂行された
⑮特記事項	前年（2014年）予定していた広島での第4回サミットが土砂災害で中止となった翌年の開催であった。サミット開催地は自然災害の経験地で将来も起こり得る要害の地である事実は認めつつ、これに正しく備えようと人智を磨き合い連帯を確

左から大井 みちさん、大脇 良夫さん、賀川 一枝さん、関口 明美さん、櫻井 利枝さん。全員、第1回からの参加者

臼杵デザイン会議の皆さん。久家の大蔵で行なわれた懇親会は、地元の皆さんの郷土料理による、素晴らしいおもてなしであった

上：竹林 征三さんと談笑する諸留 幸宏さん（左）

左：禹王サミットを紹介する記事が、臼杵新聞に掲載された

認し合った大会でもあった。

広島から貸し切りバスを仕立て40数名が大挙し会場に到着するや、臼杵大会実行委員会（疋田会長、菊田・椎原両副会長、竹内事務局長はじめ約20名のメンバー）が大きな拍手で一人ひとりを握手で迎えられた風景が目に焼きついている。苦渋の決断から1年、広島大会関係者にとっても区切りになるイベントであった。

禹王サミット全体を通じ「おもてなし」の心が行きわたり、参加者の誰もが「臼杵ファン」と化したと言っても過言でなかろう。中でも「久家の大蔵」での懇親会の盛り上がりは、筆舌に記しがたい。この交流会を通じ「禹王研究会」に所属することに価値を感じた方々も少なくなかろう。交流会等の様子は、『治水神・禹王研究会誌』第3号を参照されたい。

⑯禹王遺跡数　2016年2月発刊の報告書「禹王サミット in 臼杵」は、91カ所と記載している。

第6回全国禹王まつり
禹王サミット
in 富士川

①名称	第6回全国禹王サミット in 富士川
②開催に至る経緯	1枚の名刺「鰍沢町教育委員会社会教育係長　原田 和佳」（2008年4月当時）がスタートだった。この年、足柄の歴史再発見クラブは、信玄堤の伝統行事「おみゆきさん」をゴールに、富士川・釜無川視察1泊2日マイクロバスの旅（20人）に出た。最初の下車地が鰍沢町（現富士川町）で「富士水碑」などを原田氏に案内頂いた。その縁で原田氏は第1回開成町サミットで「富士川の禹王碑」を発表、2013年当会発足時から会員に加わって頂いた。「いずれ富士川サミットを」と囁き合っていたが「まず元甲府河川事務所長で、今やこの人を置いて富士川や信玄堤は語れない。その竹林 征三先生を口説くことがサミット開催の前提です」との原田氏の助言で2015年7月東京神田の竹林事務所（風土工学研究所）を2人で訪ねた。案外あっさりと共感頂き、「現職の甲府河川国道事務所長 田中 克直氏を一緒に口説きに行こう。後援者になってもらわねば。現地見学もあることだし」と8月中旬、甲府市に赴き「禹之瀬河道整正事業30周年記念事業」の位置づけで賛同頂いた。「第5回臼杵サミット」開催が9月12日に迫っており印刷締切りに間に合わず、事前パンフレットには「2017年開催予定地：山梨県富士川町」で勘弁頂いた。かくして、2016年11月11日待望の第1回実行委員会が開かれた。「立派なサミットにしたい」志村 学実行委員長（当時の富士川町長）の言葉が強く記憶に残っている。竹林先生は2020年鬼籍に入られた。淋しい限りである。
③対象禹王遺跡	富士水碑（1797年）、大塚邑水路新造碑（1797年）、禹之瀬河道整正事業竣工の碑（1995年）、禹之瀬開削記念碑（2008年）、地名遺跡として「禹之瀬」（年代不明）。
④実施日	2017年10月7日（土）～8日（日）
⑤会場	富士川町ますほ文化ホール、懇親会：あさひセンチュリーホテル
⑥主催	富士川改修促進期成同盟会禹王サミット実行委員会
⑦実行委員長	志村 学富士川町長
⑧事務局	富士川町教育委員会生涯学習課（早川 竜一課長、川口 信二、大森 智代）
⑨後援	富士川町・富士川町教育委員会、国土交通省関東地方整備局甲府河川国道事務所、関東地域づくり協会、治水神・禹王研究会

⑩スケジュール概要　1日目　13時15分オープニング：まほらの郷　鷹座巣小林八幡太鼓。13時30分開会行事　挨拶：富士川改修促進期成同盟会会長・韮崎市長 内藤 久夫、禹王サミット実行委員会会長・富士川町長 志村 学、治水神・禹王研究会会長 大脇 良夫、神奈川県開成町長 府川 裕一、第5回禹王サミット in 臼杵実行委員長 疋田 忠公。13時50分〜15時10分基調講演：「禹之瀬と禹王と信玄〜禹之瀬開削三十年〜」富士常葉大学名誉教授 竹林 征三。15時10分〜15時25分緊急報告：「2017.7.5〜7.6九州北部豪雨災害の特徴」古賀河川図書館館長 古賀 邦雄。15時40分〜17時35分パネルディスカッション：『富士川の防災とまちづくり』コーディネーター：砂川 憲吾（山梨大学名誉教授）、パネリスト：尾松 智（甲府河川国道事務所所長）、賀川 一枝（治水神・禹王研究会理事、群馬県片品村親善大使）、志村 学（富士川町長）。17時35分〜18時交流会場（あさひセンチュリーホテル）へ移動し18時〜20時交流懇談会。

2日目　10時〜10時50分特別講演：「禹王遺跡研究の現状と富士川水系」佛教大学名誉教授 植村 善博。10時50分〜11時55分全体会「禹王トーク」 司会：大脇 良夫（治水神・禹王研究会会長）、登壇者：露木 順一（日本大学総合科学研究所教授）、邱 志栄（中国水利史研究会副会長）、王 敏（法政大学国際日本学研究所教授）、保坂 實（富士川町文化協会郷土研究部長）。11時55分閉会行事　閉会挨拶：富士川改修促進期成同盟会監事・中央市市長 田中 久雄。次回開催地(岐阜県海津市)への引継ぎ式：大倉 光好（海津市代表）、大脇 良夫（禹王研究会）、志村 学（富士川町長）三人の発声で、「エイ・エイ・ウオー」三唱。

⑪現地見学内容　2日目　8時30分〜9時50分現場見学：バス4台（富士川町民バス、市川三郷町民バス、中央市民バス、南アルプス市民バス）、2班にに分かれ巡回した。以下は筆者(大脇)の搭乗コース順。国道52号線沿いに富士川右岸を下り「蹴裂明神」手前でUターンした。甲府盆地誕生の湖水伝説、「禹之瀬河道整正事業」の概要説明が車内であった。重厚な「富士水碑」と「禹之瀬開削記念碑」を見学。富士橋を渡り左岸にて「禹之瀬河道整正事業竣工の碑」見学後、天井川（印川など）の風景をバス内から実感した。最後に笛吹川左岸沿いに建つ「大塚邑水路新造碑」

見学。天明年間、笛吹川支流押手川と悪水路の大改修をした甲府代官 中井 清太夫の業績は「禹」に続くものと刻されている。9時45分ますほ文化ホールに到着。13時〜14時　自由見学。甲府河川国道事務所職員より信玄堤の構造、治水史などにつき現地で説明頂いた。25人参加。

⑫参加者数	1日目　会場：350人、交流懇親会：117人 2日目　会場：150人、現地見学会：100人。終了後の信玄堤見学参加者25人
⑬製作物、出版物	①大判ポスター② A4チラシ③『第6回全国禹王サミット in 富士川』④事前資料集（50ページ）⑤報告書（66ページ、巻末に「日本禹王遺跡分布図2017年版」折込）、⑥現場見学資料（カラー12ページ）⑦広報『ふじかわ』平成29年9月号「特集　第6回全国禹王サミット in 富士川」
⑭サミットの成果	①植村 善博副会長の編集で完成したA1版「日本禹王遺跡分布図2017」が参加者全員に配布された。123の禹王遺跡が日本地図上にプロットされた大作である。サミット開催後、主催の「富士川改修促進期成同盟会」発行の『第6回全国禹王サミット in 富士川』報告書に本分布図の縮小版（A3版）が挿入された。禹王遺跡の認知度向上に貢献大である。 ②中国より特別参加の「禹跡行団」（⑮項参照）邱 志栄先生（中国水利史研究会副会長）は、上記分布図に感動し、中国・浙江省禹跡図を作成したい旨を表明され、2019年4月に完成、送付された。また2021年には四川省でも作成され、河南省版が出来ればほぼ中国全土をカバーすることになる。富士川サミットの波及効果大である。
⑮特記事項	浙江省紹興市メンバーを中心とする中国訪問団「禹跡行団」8名が2日間サミットに参加した。日本の禹王研究を中国の研究者に広めたいと思っていた呉 鑑泙さんが邱 志栄先生らに働きかけ実現に至った。呉さんは竹内 晶子（現 当研究会事務局長）と旧知の間柄（兵庫県西宮市と中国紹興市が有効都市であることから）。当研究会にとって、河南省（常 松木先生等）に加えて紹興とのパイプが出来たのは収穫であった。サミット終了後、植村副会長は「禹跡行」一行を関西へ招き、京都知恩院の「禹門」や淀川沿いの「修堤碑」、「夏大禹聖王碑」などを案内し絆を一層深いものにした。（『治水神・禹王研究会誌』第5号27〜28ページ参照）
⑯禹王遺跡数	2017年10月発刊の報告書「全国禹王サミット in 富士川」は、132カ所と記載している。内、地名遺跡3カ所、文字遺物6体が含まれている。

富士川サミット終了後、植村副会長が案内した禹跡行団、京都の知恩院禹門前にて。右から、呂 娟団長、1人おいて邱 志栄副団長、呉 鑑萍さん（2017年10月20日）

第7回全国禹王まつり
禹王サミット
**　in　海津**

①名称	第7回全国禹王サミット in 海津
②開催に至る経緯	2012年3月17日、大脇は初めて海津市歴史民俗資料館（以下資料館と略す）を訪れた。水谷 容子学芸員から高須藩主松平 義建手彫りの「禹王木像」(1838年)を、次いで同市萱野の願信寺禹王画掛軸（同年）を見せて頂く。他に鹿野地区で5月、田鶴地区では10月に「禹王さん」と称する堤防防御、五穀豊穣の祭りが継承され、祭りのための掛け軸や灯篭も保管されているという。えっ！と絶句した。海津市全域に「禹王が残っている。なぜ？」とそれ以降、海津詣でが始まった。会員の大井 みちさんや遽 志保さんとの同行視察も含め2013年までに5回調査を重ねた。(遽さんの視察記は『治水神・禹王研究会誌』第2号参照) ①禹王に関する史実の豊かさ、②輪中そして木曽三川に囲まれた立地、③海津市歴史民俗資料館の存在。禹王サミット開催地として、これ以上相応しい地は無いと確信を持った。2013年夏、新刊『治水神禹王をたずねる旅』（人文書院）を携え、松永 清彦市長に「海津サミット開催」を提案する。2010年開成町で第1回開催後、片品村、高松市で盛況裡に終了し、2014年広島市第4回、2015年臼杵市で第5回開催準備中であり、2016年か2017年開催の検討をお願いした。即答は頂けず、後日に時期尚早であると慎重なご返事を頂いた。その後、第6回開催地は、山梨県富士川町で2017年10月に決定をみていた。同年8月、海津市中野 昇教育長の賛意（2年後の2019年第7回サミットを海津市で開催）が得られたので大倉館長、水谷学芸員同行で松永市長を4年ぶりに再訪し漸く決定した。「禹王を通じて海津市の歴史文化を市内外に、あるいは中国にまで大いに発信出来ると良い。治水神・禹王研究会との共催でお願いしたい」と結ばれた。
③対象禹王遺跡	禹王木像(1838年)、大禹聖像掛軸(1838年)、禹王さん灯篭(江戸期)、大禹王尊掛軸(江戸期)、禹功門(1903年)、禹功徳利（1900年）、大榑川水門改築紀念碑(1954年)
④実施日	2019年10月19日（土）～20日（日）
⑤会場	19日：海津市文化センター、（懇親会）クインテッサホテル大垣 20日：海津市歴史民俗資料館

上：会場となる海津市文化センターの下見（2018年7月12日）。左から大脇、水谷学芸員、大倉課長、伊藤館長、植村、長澤の各氏

左：美濃国高須藩10代藩主の松平 義建が彫ったと伝わる禹王木像

⑥主催 　海津市、治水神・禹王研究会

　　　　共催：国土交通省中部地方整備局木曽川下流河川事務所

⑦実行委員長 　治水神・禹王研究会長　植村 善博

⑧事務局 　海津市歴史民俗資料館（大倉 光好館長、水谷 容子学芸員）

⑨後援 　大垣市、大垣市教育委員会

　　　　協力：海津市観光協会、高須藩松平三万石顕彰会、大垣輪中研究会、岐阜県歴史資料保存協会

⑩スケジュール概要 　1日目　13時20分オープニング　二胡演奏ユニットほのか。13時30分　開会行事：主催者代表挨拶　治水神・禹王研究会長 植村 善博、歓迎挨拶 海津市長 松永 清彦、第6回禹王サミット開催地首長挨拶　山梨県富士川町長 志村 学。13時40分〜14時40分　講演1：「木曽三川流域治水史をめぐって」岐阜聖徳学園大学教育学部教授 秋山 晶則、14時40分〜15時　講演2：「濃尾平野の禹王遺跡と治水信仰」治水神・禹王研究会長 植村 善博、15時25分〜17時20分パネルデスカッション「輪中と伊勢湾台風60年」コーデネーター：植村 善博、パネリスト：国土交通省木曽川下流河川事務所長 村田 啓之、NPO法人木曽川研究会代表 久保田 稔、大垣輪中研究会長 伊藤 憲司、海津市民代表 伊藤 常行。17時30分〜18時30分バスにてクインテッサホテル大垣へ移動。18時30分〜20時30分交流会

　　　　2日目　11時45分〜12時閉会行事。

⑪現地見学内容 　2日目　8時25分前夜宿泊先（クインテッサホテル大垣、コンフォートホテル大垣）からバスで出発、大垣城・奥の細道記念館駐車場で合流。「金森 吉次郎銅像・銘」と「明治二十九年大洪水点碑」を交互に見学。大垣輪中研究会の長澤さんらメリハリの利いた好ガイドで熱気が満ちた。9時15分バスに戻り車窓から「水神神社」「伊藤 伝右衛門顕彰碑」「伊勢湾台風決壊口碑」を見る。9時50分揖斐川左岸堤防脇の「大榑川水門改築紀念碑」に着く。背面の「…水門を築造し禹功門と名付く…」の箇所を代わる代わるカメラにおさめたり、閘門（こうもん）などによる悪水抜きの構造を確かめ合った。10時15分バスに戻り2日目会場の「資料館」に10時半到着する。なお、12時50分からの自由参加見学会（50人参加）については、⑮項

「特記事項」参照のこと。

⑫参加者数　　　　　　1日目　会場：450人、交流懇親会：80人

2日目　現地見学会：70人、会場70人、終了後の自由見学参加者50人

⑬製作物、出版物　　　①大判ポスター②A4チラシ③『第7回全国禹王サミットin海津』④事前資料集(23ページ)⑤報告書（14ページ）⑥現地見学会資料(上記事前資料16〜18ページに挿入)⑦広報「市報かいづ」8月号『治水神・禹王について』⑧9月号『禹王サミットの内容』を掲載。

⑭サミットの成果　　　①「大禹尊像」の発見（表紙写真を参照）。

海津サミット開催に先立ち、「市報かいづ」8月号は巻頭見開きで『治水神・禹王について』を市民に報じた。市民からすかさず、「札野(ふだの)八幡神社にも禹王を祀る神殿がある」と情報提供があった。水谷学芸員、大倉館長、当会の植村会長並びに地元自治会長 丹羽 克美氏、情報提供者 服部 貢氏らが社殿調査したところ、藩主 松平 義建から札野村へ下賜された磁器製の禹王像と確認された。サミット開催迫る9月11日の大発見であった。海津サミット期間中にお披露目があり、その後「海津市歴史民俗資料館」に寄託された。「大禹尊像」については、『治水神・禹王研究会報』第7号53〜63ページに詳述されている。地元では1960年（昭和35）頃までは禹王が認識されていたものの、その後、徐々に忘れられていたとのこと。60年後の再発見に、歴史伝承の重要性を改めて認識させられた。

②治水神禹王の認知拡大（海津から木曽三川流域へ）

木曽三川の歴史・文化を伝える季刊誌『KISSO』（木曽川下流河川事務所から年4回発行。1991年創刊）は、海津市、桑名市、弥富市など下流地域に留まらず三川の中・上流域に2000部超発行される広報誌である。海津サミット開催の2019年には、冬号、春号、秋号の3号連続で「中国から来た治水神・禹王」（水谷 容子学芸員筆）が取上げられ、木曽川・長良川・揖斐川全域に関心、理解が拡がった。

⑮特記事項　　　　　　①12時50分から自由参加の見学会には50名が参加、盛況だった。最初に資料館併設の金廻四間門樋(かなまわりしけんもんぴ)を見学後、2台のバスに分乗。コースを別順にし1台は岐阜羽島駅を終着に、他の1台は資料館終着とし、共に16時頃に終了した。ガイドは、海津市ボランティアガイドの会の方々に担当頂いた。岐阜羽島駅終着コースの順路は、木曽三川公園→治水神社→船頭平河川公園(せんどうひら)→木曽川文庫→（車窓）勝賀の大池、大榑川切割→薩摩堰治水神社であった。

②初日交流会の途中、「治水神・禹王研究会」初の表彰が行われた。7回に及ぶ全サミット参加者10名に「表彰状」を、サミット開催功労者4名に「感謝状」を植村会長より授与し、交流会の雰囲気を盛上げた。

表彰状授与者10名（敬称略。アイウエオ順）

禹王サミット第1回(開成町)から第7回(海津市)まで全参加の10名が対象。

今井 一枝（神奈川）、大井 みち（神奈川）、久保 典子（神奈川）、倉林 弘行（神奈川）、古賀 邦雄（福岡）、小林 秀樹（神奈川）、櫻井 利枝（東京）、萩原 武治（群馬）、原田 和佳（山梨）、星野 傳六（群馬）

（理事以上役員の全参加者は除いた。倉林、櫻井両氏は、非会員）

鑑湖研究会 邱 志栄会長から贈られた「禹風浩蕩として遍く天下を行く」の額を受け取る松永 清彦海津市長。プレゼンターは本会会員の呉 鑑萍さん（右）

感謝状授与者4名（敬称略。サミット開催に顕著な貢献を果たされた3名他）
佐久間 俊治（第1回委員長）、宮田 勝（第2回委員長）、菊田 徹（第5回副委員長）
吉田 美江（第1回、第2回、第5〜7回サミットに合計35名の仲間の参加を実現、サミット活性化に寄与された）

③海津サミット余話。文芸春秋社刊『オール読物』2021年6月号に作家奥山 景布子氏の短編小説「禹王の松茸」が発表され話題となった。高須藩主 松平 義建と共に（大禹尊像と明記はしないが）磁器の禹王も登場し、2019年海津サミットの残像が浮かび上がる。奥山氏が資料館を訪ね水谷さんに取材したのが2021年初めだったと聞かされた。

⑯禹王遺跡数　　2019年4月発刊の「治水神・禹王研究会誌第7号」は、142カ所と記載している。内、地名遺跡3カ所、文字遺物7体が含まれている。

八王子からの参加者と大脇さんと同窓の松江高校卒業生のみなさん。左から吉田 美江さん、荻野 喜久江さん、濱中 英男さん、伊吹 房代さん、滝川 清子さん、寄本 知二子さん、石橋 一郎さん、大脇良夫さん

第4章　会員からのメッセージ

浅田 京子・古賀 邦雄・池田 英彦・原田 和佳
・塩川 太郎・吉田 美江・水谷 容子

2018 年 4 月 13 日、第 5 回治水神・禹王研究会記念写真（立命館大学歴史都市防災研究所玄関前）

文命（禹王）の名が残る町に生まれて

会員　（前事務局長）　浅田 京子

文命（禹王）との出会い

　私と禹王との出会いは、中学校時代に遡ります。中学校の名が文命中学校でした。何故「文明」ではなく「文命」なのかと不思議でならなかったことを覚えています。残念ながら当時の私にはそれを知る手立てがありませんでした。

　この「文命」の疑問がきっかけで、もともと郷土の歴史に興味を持っていたこともあり、いずれ趣味として郷土史研究活動に加わりたいという目標を持ったのでした。

足柄の歴史再発見クラブによる禹王との出会い

　長年の疑問を解明してくれたのが、前会長・大脇 良夫氏をはじめとする郷土の歴史を研究する「足柄の歴史再発見クラブ」の活動でした。地元の郷土史を小学生・中学生にわかりやすく伝えたいとまとめられた冊子『富士山と酒匂川』に、「文命」は中国古代王朝の治水の神とされる禹王の名であることが記されていました。

　神奈川県西部の足柄地域に流れる酒匂川は、富士山東麓・西丹沢を源とし、暴れ川として氾濫を繰り返してきた川です。1707 年（宝永 4）富士山の噴火による被災で洪水が多発し、土手が決壊。1726 年（享保 11）第 8 代将軍 吉宗の命により幕府役人の田中 丘隅らが修復工事を完成させ、土手に「神禹」を祀る「文命社」を創建しました。田中 丘隅は同時に、岩流瀬土手を「文命西堤」に大口土手を「文命東堤」と改称しました。「文命」には、足柄地域の復興と酒匂川治水の安定という、人々の祈りが込められていることを知り、大変感激しました。この新たな禹王との出会いが、治水神・禹王研究会への入会へとつながりました。

今後の活動への期待と願い

　治水神・禹王研究会発足から事務局を担当させていただき、禹王を通じて多くの方との縁を広げることができました。会則に、会の目的は「治水神・禹王の遺跡と文化の研究、中国はじめアジア地域の研究団体との研究交流、禹王サミットの支援、共同開催」と挙げられています。

　会発足時には、大きな夢を描いての起案でしたが、今やアジア地域へと活動は広がり、各地域の歴史や文化を伝える役割を益々担っています。

　今後も研究が深まり、大いに会が発展していくことを願っています。

　私が生まれ育った足柄地域では、「文命」の名が約 300 年経た今でも人々の生活に息づいています。今後も「文命（禹王）」の歴史と文化を大切に守り伝えていきたいです。

禹王が祀られている福澤神社　（文命東堤碑）

治水神・禹王研究の書誌学

監事　古賀　邦雄

　禹王の調査研究については、10年ほど前に初めて知り、禹王の業績を見守ってきた。禹王の書籍について、治水神・禹王研究会編・発行『治水神・禹王研究会誌・創刊号〜第8号』(2014〜2021)を中心に、追ってみたい。

酒匂川の流れ

　禹王研究の原点は酒匂川が育む足柄平野である。酒匂川は富士山の東麓と丹沢山地の西南部を水源として、丹沢山地と箱根山の間を抜け、足柄平野を流れ、小田原市で相模湾に注ぐ延長42km、流域面積582㎢の二級河川である。1707年（宝永4）に富士山が大噴火を起こした際の火山灰により、酒匂川流域では、度重なる水害が生じ、治水神禹王が祀られるようになった。

　足柄の歴史再発見クラブ編・発行『新編　富士山と酒匂川』(2019)は、富士山の噴火後の酒匂川水害・治水・利水について、わかり易く伝える。同編・

発行『みんなで学ぶ富士山と酒匂川 (国際版)』(2021)。大脇良夫著・発行『酒匂川の研究』(2011)。酒匂川には九十間かすみ堤、曽比かすみ堤、中曽根かすみ堤が造られている。九十間土手修堤70周年記念事業実行委員会編・発行『酒匂川とかすみ堤』(2011) がある。

治水神・禹王研究会の発足

　会誌の創刊号（2014）で大脇 良夫は、宝永噴火後、酒匂川は河床が上がり、足柄平野は洪水の坩堝となったことを紹介している。「富士山噴火災害とその教訓」の研究が進み、治水神の禹王の名

は「文命」であることがわかった。さらに酒匂川流域には田中丘隅が創設した文命東堤碑、文命西堤碑、文命宮の禹王遺跡があり、その発見に驚嘆したという。大脇 良夫著・発行『酒匂川の治水神を考える』(2007)。

　そして日本全国同じような例があるはずと全国行脚が始まった。会誌8号（2021）では、日本禹王遺跡総数150が記載されている。

禹王の基本書

　大脇良夫・植村善博編著『治水神禹王をたずねる旅』(人文書院 2013)は、全国の禹王を祀る石碑を巡る。そこには、水害に苦しみ治水に心を砕いた人々の祈りがあった。王 敏著『禹王と日本人－治水神がつなぐ東アジア』(NHK出版 2014)は、禹王は古事記の序文にも登場するが、治水神の由来、いかに日本の神となったか、禹王は現

代にどのように生きているか、東アジアで共有する禹王について論じる。

　植村 善博＋治水神・禹王研究会著『禹王と治水の地域史』(古今書院 2019) の内容は、禹王とは、日本の禹王遺跡、禹王と治水信仰、顕彰に見る禹王、禹王文化の諸相となっている。

禹王サミットの報告書

　全国禹王サミットは禹王碑が鎮座する地域で開催され、それぞれ報告書が出されている。
　第1回全国禹王（文命）文化まつり in 開成町『禹王 (文命) をさぐる』
　第2回禹王サミット in 尾瀬かたしな

『大禹皇帝建立碑を巡る』

第3回禹王サミット in 讃岐・高松

『大禹謨の謎を追う』

第4回禹王サミット in 広島（誌上開催）。

『大禹謨碑から学ぶ、禹王と治水』

第5回禹王サミット in 臼杵

『大禹后稷合祀の壇から学ぶ』

第6回禹王サミット in 富士川 (富士川町)

『禹之瀬と禹王と信玄堤を学ぶ』

第7回禹王サミット in 海津

『木曽三川と禹王信仰を学ぶ』

西嶋 八兵衛と大禹謨

　第3回禹王サミット in 讃岐・高松では、栗林公園内に鎮座する大禹謨の碑が注目された。西嶋 八兵衛は讃岐に多くの溜池を築造し、水害防除のため香東川（こうとうがわ）の一本化を図った。八兵衛は黄河を治めた禹王のはかりごとになぞらえ、河川や土地に安かれと祈りながら大禹謨と刻んだ石を香東川の傍らに

安置した。大禹謨の碑を八兵衛が刻んだことを解明したのが平田 三郎である。北原 峰樹・岡部 澄子著『大禹謨再発見－それを受け継ぐ人たち』(美巧社 2013)、北原 峰樹編『平田 三郎の生涯－大禹謨を世に出した人』(美巧社 2015)。

　　　＜八兵衛の願いをこめた三文字は

　　　　凛々しく今も守護神なり＞

　　　　　　　　　（平田の子女、岡部 澄子の歌）

高須藩四兄弟

　第7回禹王サミット in 海津は、長年洪水に悩まされた木曽三川流域の海津藩主たちが藩の安定を願い、禹王を崇めながら治水を図ってきた歴史を掘り下げた。その書として、新宿区立新宿歴史博物館編・発行『高須四兄弟』(2014)、かいづ風土

記の会編『海津風土記－碑編』(海津市歴史民俗資料館 2016) がある。

禹王研究会に尽力された三人の方々の書

　宮田 勝氏は、第2回禹王サミット in 尾瀬かたしな実行委員長として、「大禹皇帝碑の解読の現況」について、郷土愛の熱意をもって講演された。故郷片品に大禹皇帝碑が存在することが誇りであ

ると、自著・発行『片品に活きる』(2020) に著されている。

　竹林 征三先生は、第6回禹王サミット in 富士川において、「禹ノ瀬と禹王と信玄堤－禹の瀬開削三十周年」の基調講演をされた。禹王の治水を通して、現在なにを学ぶべきかを理解することが重要だと主張された。自著『物語 日本の治水史』(鹿島出版会 2017) により、禹王が河川を歩きながら体感している偉大さに触れられている。

　写真家・デザイナー賀川 督明氏は、禹王碑を追って、重いカメラを片手にあっちこっちへすたすたと、歩き回った。いつも誰よりも早く一番良い位置に立ち、誰にも撮れない写真があった。彼の

作品として、一つだけあげるとすれば、中国を取材したミツカン水の文化センター編・発行『水の文化第40号　大禹の治水』(2012) がある。

　三人の方々は、禹王研究に甚大な功績を生されたが、すでに逝去されている。ご冥福を心からお祈りします。

　　　　　　　　　　　　（2021 年 11 月 10 日記す）

残念だった広島サミットの中止
でも禹王について学ぶことができたのはよかった

理事　池田 英彦

右から池田、笹岡、大島（以上３名は広島）、大脇の各氏と。2013年10月中国視察時

広島と禹王の会との関係は2009年11月29日まで遡りますが、神奈川県開成町で開かれた第1回禹王サミットで決定づけられたと記憶しています。その後2回目の片品村、3回目の高松市と回を重ねるにつれ関係の度合いは深まっていったように思います。そして4回目は2014年10月広島で開催することになっておりましたが、その年の8月に同市安佐南区佐東地区で大規模な土砂災害が発生し、やむなく広島サミットを中止せざるを得なくなりました。

少しこの災害について触れておきます。この災害はこれまでとは違って、山の土砂が崩れて起きたものでした。これまでは広島を流れる一級河川太田川の氾濫によるもので、この災害のように山が崩壊して起きたものではありませんでした。しかも、山が崩れた場所は、これまで一度も災害にあったことのないところで、多くの民家が建て込んでいました。そして、不思議なことに近くを流れる太田川周辺にはあまり雨も降らずほとんど水位も上がりませんでした。なぜなのかは後でわかったことですが、線状降水帯によるものでした。雨が帯状に集中して降るということで、今では全国各地で発生し被害も出ています。

広島サミットは以上の理由で中止になりましたが、禹王についてはサミット開催の準備期間が1年以上ありましたので十分学ぶことができました。まず、佐東地区の小学校の授業で取り上げていただくことができました。最初から禹王について知っておられる方はおられなかったと思います。教える立場の先生だってきっと同じだったに違いありません。先生も子どもも一緒に勉強され禹王に対する関心、知識が高まったことは間違いありません。また、佐東地区の皆さんに禹王について知ってもらうようにと各家庭へ「禹王とはどんな人か」、

「大禹謨碑が建立されたのはどういう経緯か」、などと書き込んだ印刷物も配布しました。特に、皆さんには碑文を読んでいただき、戦前この地域が度々大洪水に見舞われたこと、そして大規模な河川改修が行なわれたことを知っていただくため次のように碑文の一部を載せておきました。

碑文には「人生の哀歓を秘めた太田川、清澄な流れはわが町の政治経済文化に大きく寄与し、又われわれの生活に父祖の生活に潤いと安らぎを与えてくれた。しかし、濁流は多年にわたって水と戦った人々の苦難の歴史をつくった」と刻まれており、また「幸い地元住民の協力により昭和7年より国費による改修工事が進められ、40年の星霜と30数億円の巨費が投じられ、太田川中流部の改修がなり願望の古川締切り工事も昭和44年3月完成〜中略〜黄河の水を治めた夏の禹王の遠大なはかりごとにあやかり大禹謨を建立して太田川の歴史を偲び治水の大業を称える」とあります。

この大禹謨碑が建てられたのは太田川の支流、古川の締切り工事が完成したことを記念して当時の佐東町長池田 早人氏が昭和47年5月20日に建立したものです。

8年前の土砂災害が川に起因する災害ではなく山によるものだったことは、我々にとっては複雑な気持ちであり、予想だにしなかったことです。幸い川による大きな災害は、大禹謨碑が建立されて以後、この地域では一度も起きていません。河川改修のおかげであり感謝しております。

上：大禹謨碑を前に、広島サミット開催準備の主要メンバーたち。中央の濃色の背広を着ているのが海徳 貢さん（元会員、故人）。その右、福谷昭二さん、池田 英彦さん、笹岡 繁さんなど。

右：第2回禹王サミット会場、片品村の文化センター前にて。広島での開催を踏まえ、着々と準備を進めていた。

治水神・禹王研究会および大脇 良夫さんとの出会い

会員　原田 和佳

　治水神・禹王研究会創立10周年の記念誌発行に際して執筆の機会に恵まれたので、禹之瀬における新たな発見など何か書くことができれば良かったのですが、残念ながらそのようなこともないので思い出話を。

　私が治水神・禹王研究会に加入するきっかけとなった前会長である大脇 良夫氏との出会いは、2008年4月で、今から14年ほど前になります。この時、大脇氏は、足柄の歴史再発見クラブの会長として私の地元である旧鰍沢町を訪ねており、私が富士川舟運の河岸跡、角倉 了以の富士川開削の功績を称えた富士水碑、船頭たちが安全の守り神として深く信仰していた七面堂本殿などを案内させていただきました。これがご縁で、その後のお付き合いにつながっていきます。当時開成町長だった露木 順一氏も参加されており、富士川河岸のかさ上げ工事により一部しか残っていなかった古い町並みを見て、私だったらこの一帯を保存する街づくりを考えました、と話されたのをよく覚えています。

　しばらく経ったのち、開成町で禹王サミットを開催することになったのでぜひご参加くださいとの連絡が大脇氏からありました。遊びがてらどうぞということでしたので、特に予定もない日だったのですぐに参加の返事をした記憶があります。禹王に関する知識は何ひとつなく、好奇心のみの軽い気持ちでした。それから何度か電話でやりとりがあり、大脇氏の巧みな話術により、気が付くと当日はパネラーとして壇上に上がることになっていました。

　この後、すべてのサミット会場に足を運びましたが、それぞれが良い思い出として残っています。現地での開催が中止となった広島も二度訪ねました。そのなかでも、やはり開成町でのサミットが最も印象深いものとなっています。このような催しに参加するのは初めてで新鮮な気持ちだったことや、第1回の開催ということで手作り感のある

会場は熱気に溢れとても良い雰囲気だったこともありますが、一番の理由は、人との出会いです。大脇氏とゆっくり話ができたのはこの時が初めてでした。その後何度もご一緒する機会がありましたが、禹王の研究やサミット開催に情熱を傾ける大脇氏は、教養人であり、良い意味での押しの強さがある一方、謙虚さも併せ持ち、周りの方への配慮を忘れない、笑顔の素敵な魅力あふれる人物です。この大脇氏の人柄と情熱によって禹王の世界に引き込まれました。

　また、座談会終了後、生前中の祖父と親しくしていたという、かつて鰍沢の河岸跡近くに住んでいた富士川舟運に関わりの深い方が声をかけてくださり、大変感激しました。私が幼いころ祖父に連れられて何度もお邪魔していたお宅の方でした。夜は、偶然宿泊先の廊下で研究発表された方と会い、別の参加者を巻き込んで三人（菊田 徹さんと藤井 薫さん）で一緒に酒を飲み、語り、大いに盛り上がりました。知識や人生経験が豊富で個性的な人柄のお二人に惹きつけられ、現在もお付き合いをさせていただいています。

　名ばかりのはなはだ不真面目な会員ですが、私にとって研究会は、人との出会い、まさに邂逅の場となっています。これからも素敵な人と出会えることを楽しみに、できるだけ研究会に参加するつもりでいます。

　最後になりましたが、治水神・禹王研究会のますますのご発展とこれまで研究会に関わってきたすべての方に、日々のご多幸があらんことを心からお祈りいたしております。

富士川サミット事務局、右側2人目が原田さん

禹王（水仙尊王）への関心

会員　塩川　太郎

　これまで私は台湾で20年近く生活をしてきた。しかし禹王に関心を持ち始めたのはここ数年のことである。これは禹王が関心を持たないと目につかず、知られることがないというややマイナーな存在であったのが主な理由である。しかし一度興味をもってしまうと生活の至る所に関連していることが分かり、奥が深い分野だと感じられた。以下、私が台湾で禹王に関心を持つまでの経緯を紹介したいと思う。

1．禹王への関心 0%

　台湾では禹王は水仙尊王（道教の水神、海神の一人）として知られている。しかしながら媽祖（台湾で最も信仰されている道教の神）や地域の土地神を主神とする道教寺院（廟）が多く、長年台湾で生活していても水仙尊王を深く知ることはなかった。

　禹王研究を行っている植村 善博先生に出会ったのは2012年秋である。学会の発表で京都を訪れたのがきっかけで、大学の植村研究室を訪問した。2011年の東日本大震災の影響もあって台湾における地震災害の研究をしたいという相談を行ったところ、植村先生も台湾研究に興味があって話が盛り上がり、先生の下で指導を受けることになった。2013年春、植村先生から調査が十分に行われていない台湾の災害記念碑の研究を勧められ、石碑を探し回る毎日となった。

2．禹王への関心 1%

　そんな中、植村先生から台湾の水仙尊王の話を聞かされた。水仙尊王が祀られている寺院は水仙宮と呼ばれ、調査を行っているということであっ

た。そういえば、観光で新竹市（台湾北西部の都市）や台南市（台湾南西部の都市）に大きな寺院があったことを思い出し、あのときの道教寺院の神が水仙尊王だったのかというのが分かった。

3．禹王への関心 5%

　しばらくして植村先生よりメールが来た。添付ファイルには現在判明している台湾の水仙宮の地図があり、もしこれ以外の未調査の水仙宮があったら教えてほしいと頼まれたのであった。丁度、地震関連の碑を探していたため、碑の調査と同時に水仙宮の調査も行うようになった。自宅近くにも植村先生が調査した水仙宮があったため訪れてみると、河川の脇に建立された廟に水仙尊王は治水神として祀られていた。

4．禹王への関心 30%

　2015年冬、旧正月の連休に日本人の仲間達と車で台湾1周旅行をすることになった。連休の渋滞を避けるために深夜に台中の家を出発し、朝方に南部の台東県に到着した。長時間運転のため朝日が見える海浜公園に駐車し休憩をしていたところ、

写真1：偶然発見した台東県の水仙宮（2015年筆者撮影）

公園内に小さな祠があることに気が付いた。まさかとは思い、一応祀られている神様を確認するために拝観したところ、廟の上には水仙宮と記され、水仙尊王が鎮座していたのである（写真1）。3m四方の小さな祠が水仙宮とは思わなかったので、驚いてしまった記憶がある。また、発見した時の喜びが忘れられず、以降大小問わず道教寺院を見つけたら必ず神様を確認するようになった。

5．禹王への関心40%

帰宅後、植村先生に台東の公園にあった水仙宮についてメールで連絡したところ、まだ確認されていない水仙宮という返事があり、新しい発見であったことが分かった。未調査であった理由は、この水仙宮が2014年6月に建立された新しい廟であったため、まだ一般に知られていなかったのである。このように水仙宮は現在も新たに建立されており、台湾の水仙宮の全体像を把握するには、日々調査を続けなければいけないことが分かった。

6．禹王への関心50%

2016年冬に小琉球と呼ばれる台湾南部の離島へ旅行に行った。小琉球には、水仙宮があることを植村先生から伺っていたため、バイクで島を一周しながら廟を訪れることにした。島の二つの漁港に水仙宮があり、いずれも港（海）が見える方向に設置され、漁民の安全を祈願する寺院となっていた（写真2）。植村先生より話は伺っていたものの、台湾では水仙尊王（禹王）は、河川の氾濫を抑えるための治水の神と漁民の航海の安全を願う海の神の二つの役目があることが理解できた。それに伴い、過去に水害を起こした河川付近や南部の漁港などに水仙が建立されていることも分かり、調査が容易になってきた。

7．禹王への関心55%

2018年秋、植村先生と禹王研究会の方々が台湾巡検にやってきた（詳細はp97〜p105を参照）。私は台中の災害記念碑を案内し、台南では一緒に水仙尊王が祀られている廟を見て回ったが、その際に禹王の話を聞いたりしてやや刺激を受けた。巡検中、禹王研究会に入ってはどうかという誘いを何度も受けたが、そこまではと思い「ええ…」「まあ…」という曖昧な返事をしていた。

8．禹王への関心60%

2019年春、知らないうちに会員にされ、台湾の自宅に会誌が届いていた。会誌を読んでみるとたくさんの方々が禹王に興味を持っているのが分かった。さらに会誌では新会長の紹介があり、植

写真2：小琉球水仙宮の2階から望む漁船と海
（2016年筆者撮影）

村先生の名が目に入った瞬間、これは退会不可能だと思ってしまった。

9. 禹王への関心 80%

2019年夏、追い打ちをかけるように植村先生から、会誌に何か投稿するようにとの指示があった。そこで日本統治時代に都市計画で無くなった台北の水仙宮についてまとめた原稿を禹王研究会に送った。2020年の研究会誌第7号に掲載させていただいたことで研究意欲が出てきたようである。

10. 禹王への関心 100%

2020年春、植村先生より台湾の水仙宮のすべてをまとめていきたいという連絡があり共同調査を行う準備をしていたが、コロナ禍により調査ができなくなってしまった。仕方なく2020年夏に個人的に調査を行ったところ、植村先生の調査した廟と合わせて大小30宇ほどの水仙宮が台湾にあることが分かった。コロナ禍が終わり次第、植村先生との調査を再開し、最終的な結果をまとめたいと考えている。

植村先生との出会いによって禹王への関心が高まっていったが、これは無駄なことではなかった。禹王に関心をもったことで、これまで進めてきた自然災害伝承碑の研究にも幅が広がってきたのである。台湾の調査で日本統治時代前には地震を伝える記念碑が1基も見つかっておらず、なぜだろうかと答えがでなかった。禹王の話を聞いてから水害を防ぐために水仙宮を建てたということが分かり、地震災害に対しても道教の神に祈っていたのではと考えることができた。調査したところ、過去の被災地の寺廟から地震被害を示したり、神のご加護で被害を防ごうとしたりした碑文が見つかったのである。

現在、禹王に関しては関心を持ったばかりでまだまだ初心者であるが、台湾の水仙宮調査を通して禹王研究の発展に貢献していきたいと思う。

治水神・禹王研究会 10 年史によせて

会員　吉田　美江

治水神・禹王研究会が活動を始めて10年、その間、禹王遺跡が日本全国で130基以上認定され、顕彰活動に結びついているのですからすごいことだと思います。私が禹王研究会に関わってきたのも、今思えば、不思議なご縁で結ばれていたのだと思います。少し、そのご縁を記させてください。

私は、1983年（昭和58）に創立された「とんとんむかしの会」に所属していました。故 菊地 正先生を講師に、八王子周辺の民俗学を勉強、探訪等を行いながら、郷土史も取り入れて活動してきた集まりです。菊地先生はまた、高尾山の不動院を会場に、2002年（平成14）語り部を育てる会を設立されました。「とんとんむかしの会」にも要請があり、荻野 喜久江、安本 勝子、広野 祐子、相場 圭子、私が参加しました。

それから4年後、2006年（平成18）菊地先生は突然逝去されました。私たちは、先生が教えて下さったことを今一度さらいなおしてみようと人物伝承を例会のテーマにしました。最初に取り組んだのは、明治、大正期に青少年のための学校を八王子につくって教鞭をとった奥津 雁江です。

奥津 雁江（本名 定次郎）は1864年（元治元）南足柄に生まれ、23歳の時、南足柄に漢学専門の塾（学校）を開設しました。学校委員訓導として教育に力を尽くしていましたが、41歳の時、突然八王子に行くと言って足柄を後にしました。

当時の八王子は生糸の生産販売で、何処よりも

活気のある町で、そんな町で、青年たちにしっかりした教育をしたかったのでしょう。初代八王子市長も学んでいます。

　博学で何でも知っている奥津 雁江の所に、足柄の役人がやって来ました。
「足柄を流れる酒匂川は昔から氾濫を繰り返し、人々は大変苦しんできました。でも八王子で学んだ田中 丘隅のお陰で立派な堤が出来ました。その堤防に「文命堤碑」という石碑が立っていますが、難しすぎて村の人々は読む事が出来ません。民が分かるように先生に書き直してほしいのです」
この頼みを奥津 雁江が引き受けたことで、足柄の人々の治水への理解が進みました。

　奥津 雁江が1891年（明治24）4月20に出版した文命堤碑の解読書によると、酒匂川という暴れ川を治めるには、急流を直角に崖にぶつけ水流の勢いを弱め、分流した流れを1本に整えるという方法だったようです。

　会員は、禹王…？ 治水事業…？ と思い、奥津 雁江の生誕地を訪れてみることにしました。そこで足柄歴史再発見クラブに探訪の趣旨をお話しし、2007年（平成19）冬にご案内いただいたのが禹王遺跡との最初の出会いでした。

　今までの活動内容、学びの方向性を探っていた時期と、足柄訪問が重なりました。足柄の歴史再発見クラブの熱心で明るい活動は、単なる趣味の会ではないな、1つのことをとことん極めれば何か見えてくるものがあるかもしれないとの気づきを私たちに与えてくれました。

　「この人は決して悪人ではないと思う」と言い続けた菊地先生の言葉から、次に取り上げたのが、大久保石見守長安でした。調べれば調べるほど、八王子の町づくりに貢献したすごい人物。でも資料が出てきません。資料がないなら伝承譚はないのか、残された遺跡はないのか、「とんとんむかしの会」の活動は、歴史色の強い会へと雰囲気が変わっていきました。

　長安と治水、雁江と文命堤碑、文命堤碑と足柄、足柄と治水、治水と長安、長安と大善寺、大善寺と田中 丘隅、田中 丘隅と治水、酒匂川と浅川、大

久保 長安と大久保 忠隣、大久保 忠隣と徳川 家康、徳川 家康と大久保 長安、すべての事が混とんとして、整理がつきません。でも、どこかで足柄とつながっているのです。

　2010年（平成22）1月23日大脇さんに誘われ『酒匂川治水400年を考える小田原・足柄住民の集い』に傍聴参加、酒匂川築堤に関心が湧き、1月25日酒匂川東西文命碑の見学を申し出て、福島 忠治、安本 勝子、荻野 喜久江、平野 雄司、吉田 美江が参加しています。

　この時、大久保 長安が、箱根の宿で小田原藩の土木責任者 天野 金太夫と会ったとする新資料が付け加えられました。治水工事に関する情報交換を二人がしていたのは、充分に考えられるというところに落ち着きました。

　1月25日午後は、南足柄市狩野の奥津 雁江の生家や、幼い時勉学した極楽寺に行く事が出来ました。八王子市史に書かれている内容にいくつか訂正箇所が見つかり、整理して市史編纂室に提出しました。

　同年7月10日足柄歴史再発見クラブと交流の講演会を開催。「とんとんむかしの会」から福島 忠治さんが、足柄の歴史再発見クラブから大脇 良夫会長が講演。大脇さんは資料を駆使してお話くださいました。この時は出来上がったばかりの、「大久保 長安の伝説の地を行く」というマップを使ってご案内をさせていただきました。大久保 長安研究の第一人者の村上 直先生（法政大学名誉教授、故人）からお便りをいただいたことが励みとなり、その後も案内の資料に使っています。

　午後は、八王子城跡と長安伝承地をご案内しました。北条 氏照公の墓所のある山下で、手を合わせる開成町の露木 順一町長、大脇さんはじめ足柄の人たちの姿が印象的でした。

　この年の7月に発行された第1回全国禹王サミットニュースに、水都の会代表の藤井さんの寄稿文「禹王と弁財天」が載り、触発されました。八王子には禹王に関する話や遺跡はありませんが、小宮公園の弁財天（大谷川水源の弁天池）や高尾山の弁財天、横川の弁天池、弁天池北遺跡、樹珠

臼杵で交流した「吉四六語り部の会」の子どもの語りに感動して始めた「子どもの語り部育成」。写真は打越語り部笑学校の園児による初めての発表。左が吉田さん。

寺の弁財天、時田の池の弁財天など、弁財天は数多く祀られています。ほとんどが水源地であり、洪水の起こりやすい場所であり、利水地でもあります。

全国禹王サミットが開かれるたびに、その土地の語り部に会えないものかと、開催スタッフの方にお骨折りいただいてきました。参加するメンバーのほとんどが語り部の会員なので、禹王遺跡の見学、発表を聞くと同時に、土地の昔話に触れたいと考えてきました。

2010年11月第1回禹王サミットには福島 忠治、平野 雄司、荻野 喜久江、相場 圭子、小林 昭子、荻野 喜久江、安本 勝子、石田 政夫、吉田 美江、が参加しています。

2011年（平成23）10月中国の黄河流域の禹王遺跡を訪ねた旅は、忘れられない思い出の1つで、八王子からは安本 勝子さんと吉田の2人で参加しました。禹門口で聞いた禹王伝説は紀元前2000年の出来事を色あせることなく伝えていました。

2012年（平成24）10月第2回全国禹王サミット in 尾瀬かたしなには福島 忠治、相場 圭子、小林 昭子、荻野 喜久江、安本 勝子、藤田 卿子、吉田 美江が参加しています。

印象深かったのは、中学生の合唱でした。天使の歌声で、荻野さんは今でもCDがほしかったと言っています。氾濫を繰り返す場所の見学もしま

したが、切り立った崖下には急流が流れ下っていました。治水と利水に、片品村もまた禹王の力を借りて居るのでしょう。

2015年（平成27）9月第5回禹王サミット in 臼杵には藤田 卿子、安本 勝子、相場 圭子、小林 昭子、一宮 満里、荻野 喜久江、吉田 美江が参加しました。菊田 徹先生のお骨折りで、野津町の「吉四六語り部の会」と交流を持つ事が出来ました。日程を余分に増やして実現した交流会は、方言を巧みに使う語り部と子ども語り部の話を聞く事が出来ました。お返しに八王子のむかし話を聞いていただきました。八王子でも子ども語り部が生れるきっかけとなりました。

2017年（平成29）10月第6回禹王サミット in 富士川は、荻野 喜久江、一宮 満里、安本 勝子、藤田 卿子、小林 昭子、相場 圭子、吉田が参加し、読み聞かせの会の人たちと交流会を持つ事が出来ました。そして、大久保 長安の埋葬地があることを知りました。保坂 實先生（富士川町文化協会郷土研究部長）が、400年以上にわたり長安の命日4月25日に慰霊祭を行っていると教えてくださいました。後日、富士川町の大久保集落を尋ね、お話を伺いました。小さな棚田の広がる見晴らしの良い、富士山の見える位置に小さな祠が建っていました。かつては欅の大木が二本立っていたそうです。戦時中に伐採され拠出されてしまったと聞

2010年7月10日、とんとんむかしの会と足柄の歴史再発見クラブの合同研究会

王が堤防を築いた際、足で踏み固めたことが起源だということも興味のあるところです。長安は大蔵流の能楽師の子として生まれながら、途中から武士として生き、江戸初期の財政基盤を築き、能楽の継承に力を尽くしています。当然治水の神、禹王のことはよく知っていたことでしょう。長安を追い続けるうちに、いつの日か禹王遺跡に出会えるかもしれません。コロナ終息の後に、全国サミットが開かれ、再び見分を広げられることを待ち望んでいます。

きましたが、写真で残されていました。

　近隣の方に聞いたところ、確かに4月25日、その祠の前で数人の人たちが何やら食事をしながら祀りごとをしてきました、と教えてくださいました。しかし詳しく知る方はもういないということで、代々長を務めてきた大久保家の方も代替わりして詳しいことは聞けませんでした。それでも、大久保 長安のお骨の入った墓は、日本全国どこにもないと言われていましたので、吉報でした。

　2019年（令和元）10月　第7回全国禹王サミット in 海津には荻野 喜久江、一宮 満里、相場 圭子、小林 昭子、吉田が参加しています。

　村上 直先生の「長安は全国的な人ですから、伝承譚はまだまだみつかるでしょう」という言葉に、禹王サミットが開かれる場所で、昔話や長安伝承が見つかる事を期待しています。

　能楽と長安のキーワードも捨てがたいものがあります。能楽にも取り入れられている「禹歩」。禹

　10年史に寄稿をといわれながら、まとまりのないことですが、先ずは、益々の会のご発展をお祈り申し上げます。

第5回全国禹王まつり禹王サミット in 臼杵に、八王子の仲間たちと参加。野津町の「吉四六語り部の会」と交流を持つことができた

禹王がくれた出会い〜本会発足10周年に寄せて〜

理事　水谷 容子

　恥ずかしながら、はじめは禹王について深く認識しておらず、地域に伝わる昔話や地区の祭祀行事のほかには藩主ゆかりの肖像画、木像の存在程度でした。そこへ本会設立の前年に現在の大脇顧問と植村会長からそれぞれ来訪を受け、自分の浅学を思い知るとともに何か使命感のような思いが湧いてきたことを覚えています。

　ワクワクするような気持ちで2012年3月の第2回全国禹王研究者集会in京都に参加し、禹王研究の諸先輩方の知見に触れて大いに学び刺激を受けました。そしてまず海津市内の禹王関連遺物を調べ直し、また『治水神禹王をたずねる旅』刊行に関わって近隣地域の調査も行いました。その結果、高須藩主 松平 義建がもたらした海津市（高須輪中）の禹王信仰は、ほかの地域にはない特色があることも明らかになりました。文字のみで表されることの多い禹王遺跡の中で、藩主手彫りの禹王木像や掛け軸は、ある種異質にも見えました。

　治水神・禹王研究会発足後は、毎年の総会・研究大会に参加させていただくのみであまり本会に貢献できておりませんでしたが、禹王木像に惚れ込んでくださった当時の大脇会長と現会長の熱意により、第7回全国禹王サミットin海津の開催が決定しました。何度も当地へ足を運んでくださり、会場の下見や当日までの進め方など全面的に導い

ていただきました。心より感謝申し上げます。

　さて、件の海津サミットでは開催地事務局の不手際が多々あったにもかかわらず、大勢の方に参加していただき成功裡に終えることができました。誠にありがとうございました。今思えば、海津市歴史民俗資料館においてあれだけ幅広い地域から一堂に集まったのは初めてではないでしょうか。京都での研究集会に始まり、まさに禹王がつないでくれた縁だと思っています。

　もう一つ、不思議な出会いがありました。本会会員はご承知の通り、海津サミット開催直前に新たな禹王像「大禹尊像」が発見されたのです。精巧に作られた彩色磁器で、修理痕はあるものの欠損のない見事な像でした。地元でも見過ごされていた禹王像の存在が再び世に出ることができたのは本会のおかげであり、サミット開催がなければ半永久的に埋もれたままであったでしょう。危うく地域史の損失となるところでした。少なくとも、無人の神社の小社に納められていた大禹尊像を、市歴史民俗資料館にて保管することになり安堵しています。

　海津サミットでは、ある方が本会について「専門の研究者から一般の人までが同じステージ・立場で同じ目的を持って楽しく活動している。こういう会は長く続くし、理想の形」という趣旨の事をおっしゃられました。私が当初抱いたワクワク感やその後の活動における充実感は、言うまでもなく会長をはじめとする皆さんの人柄やご尽力によるものです。このような会の一員となり視野を広げるきっかけをくれた禹王及び関係者の方々との出会いに感謝し、10年の振り返りとさせていただきます。

輪之内町の石積み水屋調査（2019年11月）

黄河を治めるものは国を治める、といわれた大河。大量の土砂を運ぶこの暴れ川は、茶色く濁って日本人の度肝を抜く。狭窄部で氾濫リスクの高い禹門口にて。左岸は山西省、右岸は陝西省

第1回　黄河と禹王の治水伝説を訪ねる旅

（2011年10月26日～11月2日）

植村 善博

旅行を前に私はかなり緊張していた。中国への最初の旅だからである。1985年12月に私は台湾師範大学の石 再添先生を訪ねた。当時の台湾は戒厳令下、旅券に台湾ビザが押してあると大陸に入国できないとされ、小さな決断をしたのだった。台北では人と車の大混雑、にぎやかな商店街、そして反攻大陸の文字、中華民国領土が中国全土に及ぶことを強調した地図に仰天した。海岸で写真を撮っていたら軍にキャンプまで連

第1回黄河と禹王治水伝説の旅　2011年

旅行ルート

れて行かれて尋問された。先生が一緒だったので事なきをえたが、戒厳令のきびしさが体にしみわたった。その後、石先生やそのお弟子さんたちとの交流が続き毎年訪台し、台湾各地を一緒に調査した。こうした背景から中国に対する遠慮があった。しかし、禹王への関心がこれを押し切り、2011年秋大脇さんや長谷川さんが企画された禹王の治水伝説を訪ねる旅に参加することに決めた。以下では2011年10月26日～11月2日の「第1回　中国黄河と禹王治水伝説を訪ねる旅」について日記風に紹介したい。

10月26日
関西空港　上海東浦空港→虹橋空港→紹興市（泊）

東方航空ではエビ焼きめしの機内食。浦東空港でガイドの周さんや大橋夫妻と出会い、バスで虹橋空港へ移動、4時間待って関東からの皆さんと合流した。大脇、佐久間、井上、宮田、笠原さんらおよび賀川ご夫妻、沢野さん、二十一世紀旅行の長谷川 佳弘氏らと挨拶を交わした。バスは夕暮れせまるなか17時に紹興をめざして出発、19時ホテル到着。

紹興市のホテル前にて

10月27日
紹興市→大禹陵→魯迅旧居→紹興酒試飲→蘭亭→紹興市（泊）

朝から大禹陵の見学。中心部から約4km南、会稽山の麓に大禹陵がある。史記に「帝禹東巡狩、至于会稽而崩」とある。公園ゲートに会稽山（大禹陵）景区と記す。噴水、江 沢民書の大禹陵を掲げる高さ12mの碑坊、よく手入れされた神歩道に多くの神獣像がにぎにぎしく迎えてくれる。祭祀広場には9個の鼎が台上に並んでいる。橋を渡ると霊域で、明代の大禹陵の石碑がどんと建つ。この背後に「華夏聖祖大禹王之神位」と記す位牌を安置する享殿がある。さらに、聡明で穏やかな表情で鋤をにぎる大禹像の禹祠や禹井亭が並ぶ。大殿への道筋には禹王碑（岣嶁碑）がぽつんと立っていた。そして、大殿にて大禹像を参拝、威厳のある表情が印象的。極めつきは禹跡館で、禹王遺跡の紹介、遺跡地図、研究文献などがぎっしり展示してあり、興奮せずにおれない。ここはまさに禹王のテーマパーク。

次に中心部の古い建物保存地区に魯迅の旧居を訪ねる。清朝後期に日本留学、帰国後政府批判の小説を書き、民主主義や平等主義を主張する思想家となる。清朝打倒を目指す孫文らの革命思想の基礎になった魯迅は中国の吉田松陰とでもいえようか。すっかり観光化されているが、よどんだ運河を小舟が行き交う様子は昔のままなのだろう。午後は紹興酒工場での見学と試飲、ついで書聖王義之の蘭亭を訪問した。ちょうど、韓国からの書家らが曲水の宴を優雅に楽しみ交流していた。これは盃を水に流し歌を詠んで宴を楽しむもので、353年に王義之がここ蘭亭で曲水の宴を開いたと記録にあるそうだ。京都城南宮でも毎年春の行事になっている。

紹興市の大禹陵と大殿

10月28日
紹興市→西安空港→兵馬俑→西門→大雁塔→西安市（泊）

6時に出発して杭州空港から東方航空で一路古都西安をめざす。大橋夫人と隣席、友好協会京都支部、拓本協会などの話を聞く。西安上空は黄砂とスモッグでどんより曇っている。11時着、まず兵馬俑遺跡を見学。畑の中から偶然発見された大遺跡はドーム型屋根をかけた巨大な展示施設となり内外の観光客で大盛況。秦の始皇帝陵墓の一部にすぎないが、その圧倒的な副葬品の数と人物の豊かな表情に驚嘆する。始皇帝の墓はまだ見つかっていない。発掘当時はこれらのほとんどが倒れた状態で発見されており、それらを修復し立った状態に直したものという。これは明代1556年1月

23日西安の東方、渭南を震央とする大地震の振動で倒された結果である。死者約83万人以上という史上最悪の震災を生じたこの地震は華県地震とよばれる。ついで西安市内を見学、城門および大雁塔を訪ねた。約1000年も前、風浪に翻弄されたあげく福建や浙江の沿岸に命からがら上陸し、さらに1500kmもの陸路をたどって西安に到着した阿倍仲麻呂や空海らにこの街はどのように写ったのだろうか、などと空想する。人人人の混雑と喧騒の中、迷子にならないよう遅れまいと歩くのに精一杯だ。やっと高さ63mの大雁塔頂上に登りスモッグにかすんだ市街を展望する。乾燥と風塵の支配するきびしい砂漠をつなぐシルクロードを通ってこの雁塔をみながら城門をくぐったキャラバンの一行、井上靖の『楼蘭』の場面が幻のように浮かぶ。

紹興酒工場での試飲

10月29日
西安市→河津県→禹門口→運城市（泊）

8時に出発、今日は渭水に沿って東へ下り、黄河東岸の山西省河津県をめざす。高速道路をビュンビュンぶっ飛ばす。貨物トラックも観光バスも追い越せ追い抜けと猛スピードが大好きだ。黄土地帯を通過、植林の少ない白い土の崖が続く。ひなびた農村地帯では綿、トウモロコシ、小麦などが栽培されている。河津市で昼食後、文物局の石碑を見学する。街中のあちこちに黄河と鯉の絵が踊っている。ここは龍門、すなわち登竜門の故事の発祥地だと思い知った。黄河の河岸に立ち茶色

ににごったダム湖にそそぐ泥水にうなった。ここは禹門口とよぶ渡河点であったが、ダム建設で龍門という峡谷は水没してしまったのだ。取水堰を管理する水利局の大きな建物がある。元職員の張俊祥氏の説明を聞く。この上流の龍門山に禹王が水路を掘り抜いて黄河を疏通させ、滝のような急流となり滝と鯉の故事が生れたのだという。今ではダム建設により茶色い黄河の水が南へ蕩々と流れるのみ。以前あった禹王廟は日本軍により破壊されたと厳しい口調で話され、大脇団長が率直に謝罪された。大変すがすがしい対応に感銘をうけた。もとの廟の場所に上がってみると1989年の再建碑が建っていた。夕刻、運城市のホテルに到着。夕食には文物局の李百金氏らと交流、明日訪問する禹王城遺跡について説明を聞く。

黄河の禹門口で。右が張俊祥さん

10月30日
夏県禹王村→三門峡ダム→鄭州市（泊）

乾いたトウモロコシ畑の中を走って禹王村にいたる。夏県は禹王の古都の伝承をもち、発掘により多くの遺物が発見されている。90年代の禹王城遺跡の発掘によれば東周〜秦代の城址であるとされる。

禹王村禹王城遺跡は陝西省文物指定の碑があり、青台とよばれる10mも盛り上がった棚状台地に廟が建っている。階段をつたって上にあがると左から仏殿、禹王廟、塗山廟のひなびた廟が現れた。地元民の信仰対象として大切に守られている。台地は版築構造の古い城壁の一部であろう。ここで

禹王祭礼などについて地元の方から説明を聞く。毎年春と秋に禹王祭礼がにぎやかにおこなれるという。次回の禹王旅行はこの祭りに参加するのを大きな目的として実施する予定になった。

次いで下流の三門峡市へ移動。黄河が山地から平原へでる手前の岩盤地帯に作られたのが三門峡ダム。最大級の治水、発電用ダムとしてソ連の技術指導により1954年に完成した。しかし、土砂除去装置を取り付けなかったため発電などで失敗したという。その後、中国の自力更生により再建され面目を一新したものだ。

約3000人の技術者や労働者の居住するダムの町から発展したのが三門峡市である。ダム長713m、高さ106m、発電量7基410万kwhなど圧倒的な規模を誇る。ダム堤頂から見下ろす険しい峡谷地形から黄河の大きなスケールを実感する。ここの広場には1992年建立のたくましい大禹像が建っていた。

山西省夏県禹王村の禹王城遺跡と禹王廟

10月31日
鄭州市→黄河遊覧区→開封市禹王台→鄭州市（泊）

午前中、黄河遊覧区へ。ここは黄河右岸の丘の上にあり地元民にも手軽な観光地。リフトに揺られながら丘の上に運んでもらう。頂上には1984年建立の高さ10mの巨大なコンクリート製大禹像がそびえていた。ここから華北平原の低地へ流れ出て龍のようにのたうち回って氾濫を繰り返し流路を変えてきた黄河が見渡せるという。しかし、あいにくのガスでかすんで展望がきかない。

つぎに、宋代の古都開封市を訪ねる。この付近

上：河南省の三門峡ダム
右：鄭州市黄河遊覧区の高台に立つ大禹像。1984年に建立
され、像の高さは10m

で黄河は10mにも達する巨大な天井川となってお
り、しばしば水害に苦しめられた歴史をもつ街で
もある。南部に市民憩いの禹王台公園があり、菊、
牡丹、桜などの花園、辛亥革命に関わる11烈士の
墓や孫文像などがある。お目当ては古吸台とよぶ
4mほどの丘にある禹王廟。1523年に最初の禹王
廟が建てられ、黄河と治水の神禹王信仰の中心に
なってきた。石段を登ると大きな廟が現れ、1927
年の石膏製だという禹王像がカーテンの中に立っ
ていた。また、多くの人物模型が並んでおり、塗
山や子どもらと家の前を通りすぎる禹王のやさし
い人形もあった。岣嶁碑の立派な拓本が展示され
ており、片品の大禹皇帝碑と似ているように思わ
れる。水徳祠や三賢祠などもあるのだが1時間で
はじっくり見ることはできなかった。鄭州市にも
どる。

11月1日
鄭州市河南省博物院→上海市（泊）
　朝から河南省博物院へ。中国古代文明の中心・
中原に位置する大博物館で1927年に創設。今の
建物は古代建築物をイメージした斬新で巨大なも
ので1998年完成した。悠々たる長い歴史、あふ
れんばかりの豊かな遺物のオンパレード。見物客
も多く、旅の疲れか休み休みながら立って見るの
もつらい。夏・商期の土器、周代に最盛期の精巧

な青銅器製品、そして華麗な隋唐の文物まで見て
終わりにした。次回にまた訪ねたいと思う。午後
は再び上海へ戻る。

11月2日
上海市→帰国
　朝から雨、市中を少し歩く。下町では自転車に
子どもを乗せ学校まで送り届ける親たちの苦労と
熱心さに驚く。雨脚が強くなり急いで戻る。関西
便が午後なので少し休んでおくことにしよう。

まとめ
　急ぎ足で「第1回　中国黄河と禹王治水伝説を
訪ねる旅」をふりかえってみた。日本では石碑類
が圧倒的に多く、遺跡として残存しているものが
多い。中国では今も人々の信仰の中に生きている
ことを実感させられた。そして、個人、村やまち
規模のものから州、国家規模にいたる様々なレベ
ルで禹王とその信仰、遺跡が保存され活用されて
いることを痛感させられた。
　ご一緒した皆さんのご厚意と二十一世紀旅行の
長谷川さんの周到なアレンジのおかげではじめて
の中国旅行を楽しめたことが最大の成果でした。
参加者の皆さんに感謝します。ご一緒した宮田さ
ん、笠原さん、督明さんの元気な姿が思い出され
ます。合掌。

第2回　黄河と禹王の治水伝説を訪ねる旅

（2012年4月11日〜18日）

大脇 良夫

　この旅は2つの目的で企画された。1つは、夏県禹王村の禹王祭礼の見学。もう1つは、片品村「大禹皇帝碑」のルーツ解明に一歩でも近づきたいとの願いであった。前者は、第1回の旅（2011年10月20日）で山西省夏県訪問の際、地元代表の史 松齢さんに団長の大脇 良夫が「春の大禹王祭」参加を申し出た約束を果たす旅であり、後者はこの年2012年10月20日〜22日群馬県片品村で開催の「第2回禹王サミット in 尾瀬かたしな」を控えサミット実行委員長宮田 勝のニーズから中国の代表的な岣嶁碑（西安碑林博物館と紹興）を巡る旅であった。参加者は10人。八王子の荻野 喜久江、画家の沢野 公、片品組2人（宮田 勝、萩原 重夫）、足柄組5人（大井、込山、佐久間、小林、大脇）、二十一世紀旅行の長谷川であった。萩原以外の9名は半年前に7泊の旅をしたばかりで羽田に集まるや親戚同士のようなファミリー気分であった。

旅行ルート

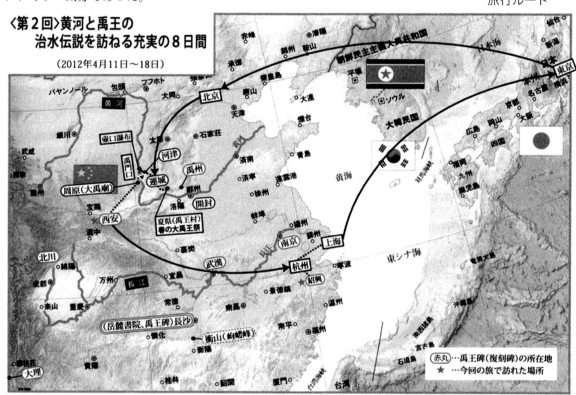

作成：㈱二十一世紀旅行

4月11日（水）
羽田空港　北京国際空港→運城空港→山西省運城市（泊）

　8時30分発中国国際航空便で11時20分北京空港着。入国手続き後、故宮博物院と天安門を見学。旅の始まりを故宮博物院に置いたのは、中華5000年の歴史を肌で感じるためと、彫刻「大禹治水図玉山」を一瞥したいと思ったからだ。清の6代皇帝 乾隆帝が王宮に伝わる「大禹治水図」（宋以前

の作）が色褪せて劣化したのを憂い巨大な玉に絵画の構図を刻ませたと伝えられる。高さ2.4m、幅1m、重さ5.3トンの巨玉を1万km離れた新疆から3年をかけ運ばせ6年かけて彫らせたという伝説の品である。日中戦争の戦火を逃れるため貴重文物（約1万3000箱と伝えられる）は、北京→上海→南京→重慶と移送され1945年以後に内戦のため重要精選文物3000箱のみが台湾に渡ったという。「大禹治水図」絵画復刻版は台北の

故宮博物院へ渡ったが、彫刻は余りの重さのため本土に残されたといわれる。

夕食後、北京空港に戻り国内線で運城市に向かい初日の宿に着いたのは22時だった。

4月12日(木)
運城→夏県禹王村「春の大禹王祭」見学→運城(連泊)

9時にバス出発。禹王村へは未舗装の悪路。昨夜来の大雨でデコボコ道は、べたべたの泥の海。バスは大揺れに揺れる。10時前、勇んで青台を登ったが無人だ。少しすると禹廟委員会の鄭 春娃会長、史 松齢副会長が現われ我々が昨年の約束通り来たことを喜んでくれた。間もなくすると青台を目がけて四方八方から少しずつ人が集まってくる。すぐに男衆が「ぴいしゃらら」と笛を吹き太鼓にシンバルが加わり賑やかに音が響く。祭りの合図だそうだ。いつの間にか数十人が集まり、誰が号令をかけるのでもなく淡々と準備が進んでいく。

祭りは10時半に史 松齢副会長が禹王大帝像の前に設けられた祭壇に3本の1mもの大線香を立てることからスタートした。各人が持ち寄った生花や茶菓が置かれると村人がいっせいに膜拝した。両手を挙げ地に伏して堤の安全を祈願し禹に感謝する祈りで「文命東堤碑」碑文の一節を思い出す。「故今累石設　神座于隈上　越四月朔四方　氓庶伝聞其事　不期雲集膜拝者弗己」

1〜2分の短い静寂だったが素朴な佇まいに心打たれた。次に現れたのは道教の僧による読経だった。黒色の道衣をまとう道士5人に囲まれ3分間続いた。村人は大人しく聞き入っている。すかさず史 松齢さんに尋ねると「昔は近くに道教の寺があって別々にお祭りをしていたが、先の戦争で無くなり一緒に仲良くやることになった」そうだ。

読経が終わると雰囲気が一転した。春を謳歌するようなにぎやかな音楽をバックに女衆の踊りが始まる。足の動きに注目した。後ろ足を前足より前に出さないで引きずる様に動く禹歩を期待した。似ているようだが外れたようだ。7人位が一団で4種類の演目を舞い踊り、祭りは最高潮に達した

ように見える。青台上は活気にあふれ見物者も増え出した。小林さんや佐久間さんは、いつの間にか村の男衆に加わり太鼓を叩いたりしている。私は宮田さんと共に人を掻き分け通訳を伴い史 松齢さんに尋ねた。『史記』に記載の禹の治水行脚の苦闘を語る4字4体「"陸行乗車、水行乗舟、泥行乗橇(そり)、山行乗檋(かんじき)"を模して踊っているのですか」と尋ねた。「そうだ。車、舟、橇、檋の模型を使って大禹様の苦行を再現し安寧と感謝を捧げている」と。素朴な祭りは12時半頃に終わり青台は、再びひっそりした空間に戻った。バスで15時半頃に禹王郷自由市場に到着し自由散策後、運城市のホテルに19時到着。

禹王村の祭りで踊る人々

4月13日(金)
運城→黄河壺口瀑布→孟門山(大禹像)→河津市(泊)

2泊した運城のホテルを後にしてバスは夏県禹王村と反対方向(北西)に向かう。禹の黄河治水はまず壺口、次に孟門、そのあと禹門口(竜門)と上流から下流へ次々に石を穿って流れを引き洪水を下へ排出したと伝えられている。3日目は、この3カ所を下るコース設定だった。運城から壺口まで昼食を挟み5時間のバス旅であった。壺口は、南流する黄河の激流を壺の口から真っ逆さまに吐き出しているように見えることから命名されたのだという。滝の高さは30m位だが水煙が高く激しく飛び散り雷のような轟音がし会話もままならない。ガイドさんの解説「瀑布の流れ落ちる河床

黄河壺口瀑布の前で記念撮影

2003 年建立の大禹像

は水流で浸食され、毎年 3 〜 4cm 上流側へ後退している」を必死にメモしながら想像に耽る。1 年間 4cm 後退すると 4000 年前、禹が治水した頃は約 160 m 下流に瀑布源があったことになる。壺口から 3 km の孟門山に瀑布河床があったのは 7 万 5000 年前で、更に約 60km 離れた禹門口（竜門）に瀑布河床があったのは 125 万年前になる。過酷な峡谷台地約 70km の地が大禹治水のハイライトの場だったと思うと興奮を覚えた。

　壺口瀑布をバスで下ること約 20 分足らずで孟門山に着いた。黄河の中に 2 つの石島 (岩山とか岩盤という表現が適切か) が張りついている。瀑布からの激流が流れ下っても、この岩山は没することなく黄河を分流出来そうである。瀑布の移動とこの石島の形成には何か関係があるのだろうか。右岸側に目をやると巨大な像が見えた。近づくと亀に乗る大禹像で 2003 年の建立。高さは亀の上から 7 m。黄河の河川敷内に建てられた大禹像は柔和な表情で、どっしりと黄河を見下ろしていた。

　15 時を過ぎたので禹門口の見学は明朝に廻し、河津市の金港龍湾酒楼に向かった。河津市政治協会前会長の任 羅楽先生と河津市水利局元会長の張俊祥先生との会食である。任先生は歴史文化に、張先生は治水利水に詳しくまた、明日朝お二人に禹門口のガイドをお願いするので会話が弾む。張

先生には第 1 回旅行時にもガイド頂いていたので打ち解けやすい土壌があったのであろう。再会を喜び合い話しは尽きなかった。20 時にホテル着。

4 月 14 日 (土)
禹門口→周原大禹廟→韓城古城→司馬遷祠墓→大雁塔公園→西安市 (泊)

　禹門口では張先生、任先生にガイド頂いた。この地は、第 1 回の旅（p71 〜 p72）で触れているので省略するが、今回は時間があったので左岸の山西省側から右岸の陝西省側までを結ぶ橋を徒歩で往復し、黄河の風と黄色の川面を実感した。

　10 時に山西省周原大禹廟に着いた。1815 年建立である。ひっそりとしていたが大禹像が中央に鎮座し祀られていた。昼食は古都の雰囲気に満ちた韓城市（古くは夏陽と言い陝西と山西省を結ぶ要路）で取り、ぶらり街歩きもした。古城の長い白壁に習作が散りばめられていたが、篆書体で踊る「禹」の文字が結構な頻度で目についた。

　13 時半。個人的に待望していた司馬 遷の生まれ故郷・芝川鎮の風景や空気を肌で感ずる時が来た。韓城市から 10km のバス路だった。1 時間の滞在しかなかったが記念室を拝観。司馬 遷が故郷から見た黄河はどんなだったろうか。東方に見下ろす黄河の流れを見ながら夢想した。祠は西暦 310

年の創建。

　高速道路で西安へ向かう。大雁塔公園を散策し途中夕食をとり20時にホテルに着いた。

4月15日（日）
西安碑林博物館→青龍寺→咸陽国際空港→杭州蕭山空港→杭州市（泊）

　10月に開催予定の第2回禹王サミット尾瀬かたしなの大禹皇帝碑と同じ篆書体の禹碑が2基存在する碑林博物館を訪れる。9時から2時間の滞在だ。

　碑林博物館は西安の古代城壁（周囲13.7km）内に有り、南門（永定門）に近い。内部は時代別、種別など7室に分かれているが宋代から清代の石碑を収納する第5室に直行した。同館の馮 寧解説員が案内してくれた。禹碑は2つあり共に篆書体。1つは「禹碑」1666年（清代）毛 會建の立。片品村と同じ77文字であった。もう1つが、「重刻岣嶁禹文碑之」建立年・建立者とも不明で66文字だった。その場で片品村「大禹皇帝碑」（77文字）の字体と比較したが両碑とも相違点が多々あることを確認した。結局3碑とも篆書字の型紙を異にしているのであろう。今後の参考とするため大脇は、解説員に拓本サービスの有無を尋ねたところ、すぐに専門員が来て2碑の拓本を10分足らずで仕上げた。日本式の拓本と違う手法に驚かされた。超速乾の墨を使用しているのであろうが10年経っても色褪せしていない。

会稽山系石帆山上に立つ21mの巨大な禹王像。健脚自慢の5人（左から大井、小林、佐久間、大脇、込山）で見学した

西安碑林博物館にて。
左から、小林、佐久間、大井、込山、萩原、大脇、宮田、沢野、荻野、長谷川

　11時に碑林博物館を出て東南約3kmの青龍寺に向かう。10分足らずで着いた。空海が804年から3年間修業したことで有名で、中国人にも人気のスポットで混雑していた。空海記念碑の正面の展示室に関係文献がぎっしり並ぶ。その中に日本文学大系71『三教指歸　性霊集』が真ん中に鎮座していた。思わず、わが家の書棚にも有ることを喋りたかったが我慢した。13時に寺を出て咸陽国際空港、杭州蕭山空港を経て杭州市のホテルに着いたのは20時だった。

4月16日（月）
紹興市大禹陵→西湖→杭州（泊）

　大禹陵に9時半に着き12時すぎまで滞在した。第1回訪ねる旅10月27日の内容と重複する部分は割愛する。禹王の巨像（写真上）を大脇ら5人が見学する間、宮田、萩原、荻野、沢野さんらには紹興「岣嶁碑」と片品村「大禹皇帝碑」を比較して頂いた。碑林博物館で見た2碑よりはずっと

2回の中国ツアーで大変お世話になった二十一世紀旅行の長谷川 佳弘さん（左）と大脇さん。急性呼吸器症候群（SARS）の影響で会社が解散し、3回目が実現できなかったことは返す返すも残念であった

似ているが、77文字中の相当部分（少なくとも2割以上）は違っているとのお話だった。碑は鉄柵の中にはめ込まれており、狭い中での文字の比較作業は困難だった筈だ。ご苦労様を連発した。その後、14時に咸亨酒造を見学し西湖遊覧に出かけ、旅の中休みとした。宿は連泊で杭州名物の夕食でスタミナを取る。

4月17日（火）
浙江省博物館→西令印社→中国茶葉博物館→杭州駅（新幹線利用）→上海　紅橋駅（泊）

7日目。禹に凝り固まった頭を少し柔らかくしては！ の配慮であろう。二十一世紀旅行の長谷川さんの企画である。まず9時に浙江省博物館を訪ねる。青磁、書画、良緒文化出土文物を中心に浙江省の文化・歴史文物・人文科学を早足で縦覧した。10時に西泠印社へ。金石篆刻を市民に理解してもらおうと公園風の野山を散策しながら石刻を眺める趣向。きつい急坂もあったが、金石篆刻研究学術団体が選んだ一級の石刻や書を、戸外の樹木や花々と共に観覧する時間は贅沢なひとときであった。

11時、一転して果てしなく続く田園地帯をバスで走ること30分。一面の茶畑の中の小さな看板「中国茶葉博物館」の前で停まる。豊かな自然と茶葉薫る中で皆の表情が和らぎ癒され、ずっと此処に留まりたい気分であった。特別室でひとりずつ採れたての茶葉を入れてもらい啜った時間は心と身体をリラックスさせてくれ、ご褒美タイムであっった。

14時にバスは杭州駅に着く。新幹線で上海に向かう。広大な大地をほぼ直線で結ぶから300km／h以上のスピードでも安定感がある。200km以上離れた上海紅橋駅に40分位で到着。上海の中心街、南京路周辺を小1時間それぞれに散策し、高老荘で夕食。大井 みちさん誕生お祝いと明日の帰国を祝って乾杯した。江蘇飯店で泊。

4月18日（水）
上海自由市場（散策と買物）→上海浦東空港→成田空港

9時、宿舎近くの上海自由市場散策後自由行動。11時ホテル発。上海浦東空港からの中国国際航空便で18時20分に成田空港着。19時全員健康で元気に解散した。

まとめに代えて

「第2回黄河と禹王の治水伝説を訪ねる旅」を約10年ぶりにふりかえる作業だった。記憶が薄れており、のろのろと難航し、執筆に8日間を要した。

旅も8日間だった。思い出や友情、そしてあの頃の自分の情熱もたくさん蘇り、この機会を得たことに感謝している。

村民の素朴なお祭りと道教の同居は、今も続いているのだろうか。壺口から孟門を経て禹門口に続く渓谷台地約70kmを歩いてみたい。間もなく建立150年を迎える片品村大禹皇帝碑の解明は、いまだ進んでいない。先立たれた宮田さん、笠原さん、大竹さん、大久保さんのお顔がちらちらして眩しい。

第3回　禹王治水伝説の旅　　湖南・湖北・河南各省の禹王遺跡

（2013年10月21日〜26日）

植村　善博

　第3回禹王治水伝説の旅に参加した。1回目の2011年は、黄河に沿って西から東へ下っていくコースであった。今度は長江から黄河へ、大陸の南から北へと縦断する旅になる。南の湖南省長沙から始め、湖北省武漢、河南省登封を経て鄭州と順に訪問する。これは内陸の大動脈である京広鉄道に沿って南から北へ移動、日本でいうと奄美大島から京都までの約800kmを北上することになる。旅を楽しむ補助として長江と黄河の比較、二里頭遺跡などの情報を盛り込んだ資料集を作成し、大脇さんの岣嶁碑に関する資料と併せて配布した。

　各訪問地には中国における代表的な禹王遺跡が網羅されており、ルートづくりや現地案内を引き受けてくださった大脇さんの努力と日中平和観光の手塚さんの献身的協力に感謝する。また、古代史の深い知識をもとに現地説明してくれた洛陽中国旅行社の王 磊さんにもお世話になった。おかげで大変有意義な旅行になった。

10月21日（月）
北京空港で関東組と関西組が合流→湖南省長沙（泊）

　参加者13名（大脇団長以下、三田、佐久間＋孫の堺、小宮、包末夫妻、植村夫妻、広島から笹岡、大島、寺岡、池田）は、成田空港及び関西空港より北京空港にて合流
19：35発 CA 1349にて長沙着、ホテルへ

10月22日（火）　岳麓山の岣嶁碑→岳麓書院→天心閣→長沙市（泊）
長沙市岣嶁碑
　　　　　こうろう

　北緯28°に位置する長沙は湖南省の中心。湘江を挟んで東側に市街地、西側に湖南大学や師範大学を中心とする文教地区が配置されている。大学の背後に山地がせまり、標高約300mの岳麓山がそびえたつ。山頂へはカートに2回のりかえ約20分で到着した。空軍レーダー基地横の岩壁に刻ま

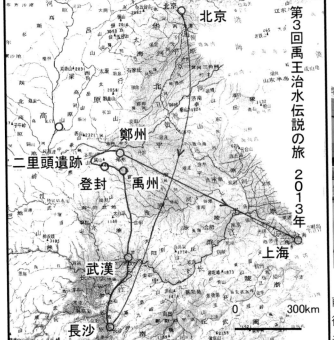

旅行ルート

湖南省長沙市のホテル前で　いざ出発
前列左から、植村夫人、三田、大脇、植村
後列左から、寺岡、大島、笹岡、池田、包末夫妻、佐久間、小宮、堺

れた岣嶁碑を見学した。

　省級文化財に指定された禹王碑はコンクリート
と鉄柵で厳重に保護されていたが、観察に不自由
はなかった。何度も修理されているようで碑面は
きれいにクリーニングされており、文字には墨入
れがあり明瞭だった。黄白色の半花崗岩脈に刻ま
れた磨崖碑で、篆書体77文字は紛れもなく片品
の大禹皇帝碑とそっくりの岣嶁碑であった。

　そもそも岣嶁碑とは大禹が治水の事績を南岳衡
山頂の岣嶁峰の岩に自ら古代文字で刻んだ貴重な
ものと信じられてきた。『至盛岳麓』（2006）に
よると、1212年（南宋嘉定5）に何 賢良が衡山祝
融峰の禹王碑を岳麓山の岩壁に模刻した。その後、
荒廃したが、1534年（明嘉靖13）郡守の潘 鎰が
草むらから再発見しこの拓本を取った。雲南省安
寧県の楊 慎（学者）は、1536年に張 素（進士）
から岳麓山の拓本を見せられ古代文字を翻訳し、
その内容は大禹が自らの治水事績を記したもので
あると解釈した。その頃には衡山の原碑は亡失し
てしまっていたという。以後、大禹治水の顕彰と
治水神・禹王信仰が普及するとともに、古代の希
少な碑として高く評価されるようになっていく。

　楊 慎は安寧県法華寺鶏嶺壁や故郷の四川省成都
にも復刻碑を建てたという。さらに、岣嶁碑（禹
王碑）は南京（1535年）、大理（1536年）、紹興
（1541年）、衡陽（1581年）、西安碑林（1666年）、
山東省黄県（1673年）、蘭州（1861年）などに続々
と建立されていく。これらは南岳衡山碑、岳麓山
碑につぐ3代目の孫碑にあたるといえよう。片品
の皇帝碑はひ孫碑にあたるのだろうか？

　岳麓山の碑は1935年（中華民国24）の重建に
よって改造され屋根付きになった可能性が高い。
古くから禹王碑の価値が高く認識されていたよう
で、向かって右に大観（1756年）、左に読神禹碑
歌（1537年）などが石に刻まれている。

　碑面は東北東に面して長沙を見下ろす位置にあ
る。山は険峻で、以前は急斜面につけられた山道
をよじ登って到達できる秘境の雰囲気だったこと
が風景画から推定される。高さ1.8m、幅1.4mの
小振りな碑面だが、現存する岣嶁碑としては最古

湖南省長沙市岳麓山の岣嶁碑

のものとして価値は高い。碑の前で大脇さん、王
さんらと大いに語り合った。

　帰りに岳麓書院（中国最古の書院で北宋時代
976年建立）を見学。バスで湖南大学の広場を通
過中、巨大な毛 沢東像が立っていた。昼食のた
め到着したのは五一大道の角にある毛家飯店。鮮
やかな紅旗がはためき玄関には金の毛像がにらん
でいた。毛 沢東の生地韶山はここから南西に約
50kmと近い。ここは中国共産党の聖地であり、
文化大革命の頃には続々押しよせる訪問者でごっ
たがえしたという。青年期の彼は湖南師範学校に
学び、その後はここで教員をしていたのだった。
毛家飯店の辛い料理を味わいながら、社会主義や
文化大革命と禹王など伝統的な信仰や宗教との関
わりを思う。

長沙市五一大道、毛家飯店での辛いランチ

旅の感想
　毛家飯店の食事が非常に辛く、デザートのスイ
カが凄く甘く感じた。店を出たところで5〜6人

の少数民族の物乞い集団にとり囲まれる。

　天心閣（３Ａレベル史跡）入口に「愛国主義教育基地」の表示があった。長沙・重慶は抗日戦争の激戦地。上海とは対日感情が異なることを実感した。
　　　　　　　　　　　　　　　（小宮　正雄）

10月23日（水）　高速鉄道で武漢へ。湖北省博物館→黄鶴楼→晴川閣の禹稷行宮→武漢（泊）

　長沙9時発の北京西駅行き高速新幹線に乗車。時速300km/hで突っ走り、1時間17分でたちまち武漢に到着。新幹線駅は新開発をめざす郊外に置かれており殺風景このうえない。

　湖北省都の武漢は人口700万人の巨大都市。長江と漢江の合流点に位置する河港として発展。水陸交通の要所として発展してきた。辛亥革命の発火点として知られている。長江の低地帯にあって水害も多発、今も至るところに池沼が広がる水都である。上海から1000トン級の船が着岸できることから、1858年の天津条約により漢口が開港、長江沿いの居留地（バンド）には欧・米・日など15カ国の領事館や貿易商社などが進出した。

　駅から湖北省博物館へ向かう。施設が余りに大きく、十分に見て回る時間はない。午後には名高い黄鶴楼に登った。最上の5楼から見下ろす長江と武漢市はスモッグでどんよりかすんでいたが、巨大な都市だということは理解できた。

　最大の目的地である晴川閣に16時に到着。ここは漢江と長江の合流点に位置する比高15mほどの禹功台とよぶ小丘上にあり、黄鶴楼と対をなす名所。晴川閣は武漢の禹王文化の凝集点であり、大禹文化博物館（2010年12月開館）がある。何申文書記が対応してくれたが、説明は案内嬢にまかせきりだった。説明書によると、ここには楚文化を代表する晴川閣、禹稷行宮、鉄門関の三大建築物があり、禹に関わる禹碑亭、禹柏軒、楚浪亭、朝宗亭、贔屓碑、荊楚雄風碑、大禹神話園まであるという。しかし、時間も少なく禹稷行宮と禹碑亭の見学だけに終わった。夕暮時まで見学したが、観察しつくせなかった不満は長江の茶色の水のようだった。

湖北省武漢市晴川閣にて

　禹稷行宮は元来禹王廟として南宋期（1190～1194年）に創建された。明代（1621～1627年）に后稷などを追加して名を変え、1864年（清　同治3）に再建された。また、武漢市が1984年に大規模な改修をおこなって現状となり、新禹王像などを設置した。武漢の大禹祭祀の中心地であり、現在も大禹文化と大禹精神の研究と普及活動をおこなっている。宮内に安置された輝く金禹像とその裏には鋤を持ってきびしい表情で立つ素朴な禹王像もあった。

　禹碑亭には背中合わせに2枚の岣嶁碑が貼り付けられていた。長江に直面する東碑は1770年（清乾隆35）の岣嶁碑で、破損しており74文字と3字欠損している。西碑は2010年に再建したもの。1930年代の洪水で碑は流失したため、西安碑林（武漢の碑の模刻という）から模刻した複製という。行宮前の贔屓碑は大理石製の大亀の背に大禹治水の事績を顕彰、庶民への教化のための石碑を乗せた亀趺様式だった。

　チベット高原から四川省をへて東シナ海へ流れこむ延長約6400kmの長江流域には、成都や重慶などの歴史都市が位置しており、まだ多くの禹王遺跡が残っているはずで、今後の調査が期待される。

旅の感想

　湖北省博物館は保存が良く、スケールの大きい展示物の数々に全員感動！

　しかし黄鶴楼から臨んだ長江の姿は、残念なが

河南省禹州市禹王廟
手前の峋嶁碑は 2008 年建立

らかすんでよく見えない。水も汚れている。李白
たちが今見たら、嘆くに違いない。

（池田 英彦）

**10 月 24 日（木）　高速鉄道で許昌へ。禹州市鎖
蛟井→禹王殿→禹山の禹王廟→石紐石→登封市
（泊）**

　武漢から新幹線で再び北上、長江側から分水界
を越えて黄河流域に入る。水田が全て畑に置き換
わってしまった。

　許昌東駅で下車、気温はかなり冷え込んでいる。
河南省の許昌－洛陽－鄭州を結ぶ三角地帯は黄河
文明の中心、中原地帯で考古学的に重要な遺跡群
が集中しており、中華文化の原点ともいえる漢民
族の揺籃の地だ。登封市には天下の中心という意
味の天地之中まであるという。バスに揺られなが
らいよいよ禹州市に入っていく。

　午前中は鎖蛟井遺跡と古釣台禹王廟大殿を訪ね
る。鎖蛟井は黄河の氾濫洪水をおこす龍を禹が鎖
を巻きつけ井戸に投げ込んで退治し、洪水がなく
なったという神話を具現したもの。井戸はのぞき
込んでも底が見えないくらい深く、龍の首をつか
んで押さえ込んだ禹の表情には、たくましさがあ
ふれている。

　せまい路地を 5 分ほど歩いて第 1 高級中学内に
ある禹王廟に行く。楼閣風の禹廟がそびえ立って
いる。ここで大脇さんの禹王研究家の名刺が大効

果を発揮、警備員がなかへ招き入れてくれた。高
さ 8m ほどの石組の門の上に高さ 10m ほどの立派
な禹王廟がのっている。初建は不明だが、1988 年
に清風の建築に修復したものだ。

　昼食のため入った禹柯寶館では受付壁面に金色
の禹王治水の大レリーフをはりつけており、まぶ
しく輝いていた。しかし、廊下にはギリシャ風の
ビーナス彫刻が飾られ、ノルウエー、デンマーク、
フィンランド、ロンドン、パリ、ニューヨークな
どの部屋名に驚いた。ここで登封市の禹王研究家
常 松木さんと一緒に食事をする。午後からは彼が
案内役をつとめてくれる。

　まず、禹山の禹王廟に詣でた。大禹山風景区と
されたここは、大禹記念物のオンパレード。入口
から禹王碑（峋嶁碑の模刻を含む）、前年に建てら
れた大理石製の禹王像、その横に公祭大禹記念碑
（2011 年建立）、さらに 60 段の石段を登って禹王
廟の門をくぐると老師廟、その後に禹王大帝の看
板を掲げる禹王廟とつづく。廟内の禹王は 4 人の
従者とともに立ち、あどけない表情が印象的。つ
ぎに、細い農道を通りぬけて夕刻せまる 16 時 40
分に左荘村に到着。ここは登封市の西、少室山麓
の寒村で禹王生誕地の伝承をもつという。

　寒風のなか石紐石を見に行く。草地にぽつんと
高さ 1.3m の白い石（20 億年以上前の正珪岩）が
あり、表面の割れ目が神秘的な表情を示しておも
しろい。これをなでると無病息災との地元の信仰

河南省登封市左荘の石紐石。ここから禹王が出
生したという言い伝えがある。

常 松木さん（後列左3番目）のご案内で、
啓母石での記念写真

に準じて、冷たい岩に手を当てた。今、大禹故里
の中心にいる。

　今夜は天中大酒店に泊る。夕食は結婚会場にな
る大部屋で、常さんとの交流をおこなった。包末
さんの和菓子『大禹讃』、小宮さん自作の柿（何さ
んに柿をお渡ししたところ、英語でBIG！と驚か
れた。持ってきた甲斐があったと小宮さん）、佐久
間さんの石紐石掛軸、我々の著書『治水神禹王を
たずねる旅』など日本のみやげを差し上げた。

　今日は寺岡さんの誕生日と重なり、バースデー
ケーキが運び込まれ、みんなから祝福された。圧
巻は常 松木さん作詞の大禹の歌を全員で合唱した
こと。何度も練習を重ねたおかげで見事な合唱と
なり、常さんは大いに感激していた。夜遅くまで
騒いで盛り上がった。

旅の感想
　禹王古釣台は、鎖蛟井から歩いて5分の所。台
座の地下には、学校のイスや机が雑然と積み重ね
られ文化財施設としては疑問。この日は禹王関係
の施設5カ所を巡ったが、いずれも管理が充分な

されているとはいえず残念な思いがした。

（小宮 正雄）

**10月25日（金）　登封市大禹公園→啓母厥・啓
母石→堰師市二里頭遺跡→鄭州市黄河博物館→上
海市（泊）**

　10月25日、刺すような早朝の冷気のなか、太
室山と少室山が厳しくそびえ立つ登封が気に入っ
た。左右に高度1500mの岩山を配し、山麓の傾
斜地に登封市街地がひろがる様は京都に似ている。

　常さんの案内で街を見下ろす大禹公園へ。ここ
には禹が熊に化けた姿を表す巨大な大禹之碑があ
り、次いで啓母廟史跡地にある啓母厥と啓母石の
見学にむかう。啓母とは禹の後継者・啓の母、す
なわち禹の二人の妻となった塗山氏の姉妹のこと。
太室山と少室山の名はこれに由来する。

　啓母廟は万夢峰南麓の傾斜地にあり、B.C.110
年（武帝元封元）に大禹の妻の内助の功を讃えて
建立され、本地域最古の廟とされる。この廟の前
に啓母厥が、背後には啓母石が配置されている。
啓母厥は廟前に置かれた一組の神道風の門石で、

登封市の啓母厥。最古の禹王治水を記すと常 松木さんから説明があった

前漢期の 123 年（東漢延光 2）の建立。太室山を背景にりんとたつ小型の建物内に保存され、国宝級の価値をもつ全国重点文物に指定されている。高さ 3.2m、横 2.1m の石塊を積み上げた左右一対の厥が立つ。禹の治水を記録した碑文としては最古のものだという。蹴鞠、啓母の石化、虎、龍などを描いたレリーフは見事である。

つぎに山道を 10 分ほど登って啓母石へ。灌木の中に二つに割れた高さ 15m、幅 18m の巨石が口をあけたようにころがっていた。ここから禹の子である啓が生まれた。9 時 50 分に見学を終え、常氏らとここで別れる。熱心な禹王研究者と出会い、貴重な資料をいただき、人里離れた地の遺跡に案内説明してくださり、心からお礼申しあげたい。

バスはさらに西へ、峠をこえて堰師市の二里頭遺跡へ走る。ほこりっぽい畑地のなかに、赤い門をかまえた社会科学院二里頭工作隊の基地があった。担当者の説明によれば、春秋 2 時期だけ発掘、他は整理と研究に充てており、発掘地はすぐに埋め戻すという。夏王朝期にあたる遺跡や玉類の写真、発掘された土器類を観察させてもらう。現場へは行けなかった。

禹州や登封では禹王伝説を具象化した遺跡を巡ったが、ここでは夏王朝期の都城であったこと

が確実視されている遺跡であり、当時の文化や祭祀を示す貴重な遺物や遺構が発見されている。

説明によると、①夏王朝は B.C.2071 〜 1600 年の 471 年間継続した中国最初の世襲の王権国家である、②黄河中流に栄えた以前の龍山文化の系統、とくに登封市王城崗遺跡に代表される南王湾 3 期の文化を引継いでいる、③二里頭文化は嵩山を中心に半径 400km 内に広がり、これらを統率する権力を二里頭集落の王が掌握していた、④同文化は 1 〜 4 期に区分され、2 期および 3 期で出現する宮殿と多量の青銅器や玉器などは王権を権威づける祭祀に利用されたもの、という。これらは B.C. 1600 年頃殷（商）王朝に征服されて廃棄、この近辺に商の都が建設され、やがて鄭州商城などへ受け継がれていく。二里頭はじめ中原地域の考古学的遺物は鄭州市の河南省博物館でじっくり見学するのがよいだろう。

午後からは最後の目的地黄河博物館を訪ねた。ここは鄭州市北郊の広い敷地に本年度移転し、開館したばかりの新施設である。中国唯一の河川博物館で、旧館時代から展示の優秀さで知られていた。黄河博物館は 1955 年市内に治黄陳列館としてオープンし、1972 年には毛 沢東が視察、1987 年に黄河博物館と改称した。

完全リニューアルした新館入口の壺口写真と「黄河なかりせば　われら中華民族もなし」と記す毛沢東の言葉が強い印象を与える。黄河流域の大レリーフと河神祭祀のコーナーが目をひく。5000 年にわたる中国の母なる川・黄河の自然と水害、水資源開発、治水事業の歴史、流域の人々の生活と文化並びに黄河との関わりについて理解を深めることができる。黄河治水の最初の成功者として禹王が位置づけられている。登封の啓母厥に刻まれた禹王の碑文、河伯や水神信仰、天井川模型なども展示されていた。大変豊富な資料と説明があり、

2013 年開館の新黄河博物館（鄭州市）

世界的な河川博物館だといえるだろう。

　鄭州空港近くの食堂で夕食の後、CZ3947 で上海浦東空港へ。ただちにホテルへ。

旅の感想

　啓母厥（啓というのは禹王の子息）は中国最古の石造物だといい、その後方には禹王の正妻であるとされる岩（啓母石）があった。

　　＊禹が大熊になって治水のために岩山と格闘していたとき、砕いた石が鼓に当たった。鼓の合図で妻が昼食を届けると、そこには大熊がいたため妻は必死に逃げた。禹が大熊の姿のまま追いかけたため、嵩山（河南省登封県の北）の麓で妻は石に化けてしまった。「子どもを返せ！」と禹が叫ぶと、石は北に向かってゆっくりと開き、子どもが生まれ、「開く」という意味のある「啓」と名付けられた。

　黄河の治水で使われているレンガの数は万里の長城を 15 回建てた数に等しいという話は、黄河の治水が太古から現代まで中国の大きな問題となっていることと、そのスケールの大きさを象徴する話として印象的だった。

(堺 英俊)

10 月 26 日（土）帰国
関西方面は 9：30 発 CA921 で大阪へ
関東方面は 14：15 発 CA919 で成田へ

おわりに

　今回は長沙と武漢で岣嶁碑を見学できた。ついで、禹王の神話的世界の中心地ともいうべき禹州と登封付近の禹王遺跡を地元研究者常 松木氏の案内で見てまわることができた。二里頭遺跡は伝説の禹王が生きていた同時代の遺跡が発掘されている現場である。しかし、発掘により科学的に描き出された夏王朝の実態と神話の中の禹王との断裂をどのように受け止めればよいのだろうか。『いかなる神話もすべて自然を征服し、自然を支配し、自然を改造しようという想像の形象化である。神話世界の神秘的な要素を取り除けば、そこに古代人の闘争精神と英知を集約したものを読み取れるであろう』とのマルクスの言葉をじっくり考えてみたい。最後に、一緒に旅し、楽しい時間を与えてくださった参加者の皆さんに感謝します。

河南省堰師市二里頭遺跡研究所にて
右から佐久間、研究員、植村、ガイドの王磊さん

2018 年 4 月　紹興市の大禹陵典礼への招待参加と見学の記録

植村 善博

　2017 年 10 月、山梨県富士川町で開催した第 6 回禹王サミットに紹興市の禹王研究者を中心とする中国禹跡行団 8 名が参加され、副団長の邱 志栄氏は紹興市と禹王との歴史的関わりを講演された。これを機にお互いの交流がはじまり、「日本禹王遺跡分布図 2017」を贈呈するとともに、京都付近の禹王遺跡をご案内した。紹興市側の反応は素早く、半年後の 2018 年 3 月には「紹興禹跡図」を編集、出版されている。同年の 3 ～ 5 月に立命館大学で開催した企画展示「日本の禹王遺跡と治水神禹王信仰展」で「紹興禹跡図」を日本初公開、展示することができた。このような交流に対する感謝の気持ちをこめて、私たち研究会のメンバーを大禹陵典礼に招待してくださった。

　中国における最大規模の禹王祭典、大禹陵典礼は毎年 4 月 20 日、浙江省の紹興市で開催されている。長く中断していた祭礼を 1995 年から紹興市が復活させ、2007 年からは国家級祭典に位置づけられ国内外にアピールされるほど大規模なものに発展している。

　また、越秀外国語学院における日中シンポジウムも開催され、3 名に講演の機会が与えられたのだった。これには通訳をつとめてくださった竹内 晶子さんの誠実な対応も大きな貢献があった。せっかくの訪問なので紹興市の禹跡を訪問したいとの希望を伝えたところ、これも実現してくださった。紹興市および鑑湖研究会邱 志栄会長らのあたたかいご厚意と配慮に感謝したい。そこで中国との初めての禹王を通じた交流の記録を残しておくことは意味があると考えた。以下の文章は「治水神・禹王研究会誌」6 号に掲載されたものを一部修正したものとなっていることをご了解いただきたい。

紹興市周辺の禹王遺跡見学

植村 善博

1.　はじめに

　2018 年 4 月 19 日から 22 日まで浙江省紹興市を訪問した。今回の訪中は 4 月 20 日に開催される大禹陵典礼に紹興市から招待を受け、大脇 良夫・水野 勲・竹内 晶子の各氏と植村の 4 名が参加した。とくに、大禹陵大殿の大禹像に治水神・禹王研究会として献花が認められたことは本研究会にとって忘れることのできない歴史を刻んだといえよう。ついで 21 日午後、浙江越秀外国語学院で開催された日中大禹検討会に参加、3 名が日本の禹王研究や教育実践の現状について講演した（竹内さんが同時通訳）。また、紹興市および浙江越秀外国語学院の研究者らと交流したことは今後の中国との共同研究への一歩になるであろう。21 日および 22 日の午前中にこちらの希望した紹興市近郊の禹王遺跡を案内していただいた。車と現地の案内人がなければアクセスできないへんぴな場所であったが、鑑湖研究会の邱 志栄会長のご配慮、禹王研究家張 鈞徳さんの誠意あふれる熱心な案内、地元案内者による開門や具体的説明を受けるなど、本当に有意義で貴重な現地訪問ができた。お世話くださった紹興側の皆さんにお礼を申し上げたい。

2.　4 月 21 日　嵊州市了渓付近の禹王遺跡訪問

　嵊州市は紹興の南東約 55km、山間の嵊州内陸盆地に位置する。この地方は竹製品やネクタイ生産、唐詩の道、越劇（宝塚と似た女性のみの劇）などで著名だという。本盆地は北東－南西方向の活断層の活動により形成された変動性盆地で、周辺の水系はすべて嵊州付近に収斂して合流、剡渓となって北部の狭隘部をぬけ、さらに曹娥江となって紹興の北で杭州湾に流入する。盆地はもと湖沼

禹渓村の禹王廟と大禹像

であったが、禹王が山を切り裂いて排水したため陸地化し、地平天成となって住民生活は安定したとの伝承をもつ。地元の童 剣超氏による丁寧な説明と地元信仰者から情報を聞かせいただいた。「紹興禹跡図」によると、了渓、禹余糧山（了山）、禹王廟、禹后廟など興味深い名前が上がっている。

禹渓村の位置する剡渓の支流了渓は大禹の治水が完了したことから命名され、後に禹渓とよぶ集落が形成されたという。村はずれの禹渓幼稚園の隣にコンクリート製の新しい禹王廟があり、普段は閉鎖している。ここの「禹王廟重建碑」(2004年)によると、4000年前の剡の地は沼湿地であった。禹王はこの地の治水を13年間一度も家には入らずに没頭、山を切り裂き、河道を通して水を排水した。これによって剡の地は沃土となり、禹王の治水は了渓で終わったという。住民は禹王の恩沢を思って禹王廟を建立、名を禹渓村と改めた。

廟の建設は古く年代不詳だが、清嘉慶年間に重修し三門と戯台を造ったが、その後に荒廃したという。廟は1839年（清 道光19）に再建され、さらに2004年9月5日に現在のコンクリート製の廟が完成している。禹王廟の門額は王 義之（東晋、4世紀中頃）の筆によると伝える。廟内中央の禹王殿に大禹像2体（神輿にかつぐ小型と奥の大型像）があり、祭礼日は9月5日。柱に大禹治水畢功了渓傳萬民 (右) と渓山有幸長留聖蹟傳千秋（左）の対聯をみる。右には観音、左は竜王と陳老大公

を祀る。禹余糧について尋ねると老婆が大事そうに禹余糧をだしてみせてくれた。約10cm径の砂が付着するドッシリ重いもので、振るとコロコロ音がした。止血に効果があり、かつては贈り物に利用したらしい。これは治水後に天神に事業完遂を報告した了山（禹余糧山）から産するもので、余った食糧が地中で石化し神石となり禹余糧（石）とよばれるようになった。山と産地は高速道路の工事により消滅したらしい。

禹渓村の上流約2.5kmに里坂村がある。禹后廟は集落の中心道路に面し、老人たちが雑談に興じる憩いの場になっている。建物は赤く塗った木造で長い歴史を感じさせた。廟内には戯台が完全に残っており、中央に2体の禹后（禹の妻塗山女）の像、右は関羽、劉備、張七、左は福徳神など、右端に積慶寺がある。正月10日が禹后（塗山）の誕生日で、以前は祭礼をしていたらしい。市の「説明版」(2003年11月15日記)を要約すると、明末1628年に大禹治水成功への禹后（塗山）の内助の功績を顕彰、高揚するため廟が村東首に建立された。禹王は塗山の内助により8年間三度門前を通るも入らずに治水に専念、住民を苦難から救った。禹王は晩年に紹興一帯の洪水を視察、嵊州北門一帯の八里洋、里坂、禹渓などの住民が協力して山を切り開いて洪水を曹娥江へ排水したので、安心して生活できるようになったという。村人は妻禹后の功績を讃えて廟を建てた。1688年（清康熙27）に廟を再建、各地からの参詣者が多く集まり盛況だった。1838年（道光18）重建。解放後は信仰や行事が停止、2003年に住民が寄付金を募って廟を修理、維持している。祭礼日の貼紙には、正月初十日禹后娘娘、二月十九日観世音菩薩、四月初八日釈迦佛、五月十三日美公大帝、七月三十日地蔵菩薩、八月十八日陳老大公、八月二十八日判官菩薩と記す。また、2011年の修理寄金碑もある。禹王廟と禹后廟はともに2003年と2004年に修理や新たに建設しており、この頃高速道路建設などによる収入があり、これらを寄金として廟が修理・新設されたのだろう。

里坂村の禹后廟

3．4月22日　安昌鎮西扆村付近の禹王遺跡

　安昌鎮は紹興の北西約20km、曹娥江最下流部のデルタ低地帯に位置する。中央を諸侯江が流れクリークが延びる水郷地帯にある。「紹興禹跡図」によると、西扆村には大禹文化広場、塗山、塗山廟など、南方の柯橋地区には禹会殿、禹会橋、諸侯江などが記入されている。

　地元の張 紹基氏と合流、村内を歩いて案内・説明していただいたので理解しやすかった。

1）西扆村の大禹文化広場

　町の中央に大禹路および禹跡路がのびており、これらにはさまれた大禹文化広場と称する新しい公園が2017年に完成した。中央には勇壮な大禹像、その傍で見守る塗山女像の大きな銅像が建つ。将来は歴史博物館の計画があるらしい。広場から右

諸侯江に沿う建物

側に見える丸い丘が塗山（西扆山、高度116m　鉄塔あり）であり、禹の妻、塗山の生地で大禹と塗山が結婚した場所であるという。つぎに村中を歩いて紅橋へ行く。治水のため越を訪れた大禹は洪水や潮汐被害に苦しむ住民生活をみて、各地から諸侯を集めて治水の方策を協議した。これに遅れた防風は禹王により殺され、その血は川へ流れてこれを赤く染めた。これが諸侯江および紅橋の起源になったという。

2）西扆村塗山寺

　住宅街に門を閉ざした小さな寺があり、塗山寺の額がかかる。管理人が扉を開けてくれて中に入る。堂内は暗く大きな観音像を祀る。その裏には魚を足下に立つ望海観音像が置かれていた。以前この寺は塗山上にあった廟で、後に現在地に移動したという。ここはかつて漁村であったため、漁民による豊漁と治水の祈願が強く、魚を足下に置く望海観音像が信仰されるようになったらしい。しかし、この観音はもともと塗山像だったのではないかと張さんが説明された（宗教被覆）。

3）禹会殿・禹会橋

　新幹線を南へ越して柯橋地区の高層団地へ車で入る。ここで禹王は住民とともに災害と戦い、大きな成果をえた。これに感謝するために住民らが大禹と諸侯らが会合した地に禹会殿・禹会橋を建設したという。以前は農村地帯で禹会殿や禹会橋が存在したが、新高層団地の建設により破壊、消滅し諸侯江が流れるのみ。農民は土地代金を得て団地内に住む。ここでは諸侯江左岸の2棟の廟を見学する。観音華陀殿・黄公殿・文昌財神殿および三聖殿・円通殿・会佛殿と各三神を祀る新しい2廟がある。いずれも団地開発時の2015年頃に

建立されたものだろう。

4. まとめ

なぜ浙江省紹興市周辺に大禹治水伝説が存在するのだろうか？ この地は黄河流域から遠く800kmも離れた中華文化の圏外にある。しかし、紀元前5世紀頃、この地に興った越を建国したのは夏王朝6代王少康の庶子である無余であり、都を会稽（紹興付近）に置いたといわれる。無余と越の建国が夏王朝の系統を引くものであることを正当化するために、禹王治水や塗山との生活を具体化する説話が作られたのだろう。これらが紹興周辺に禹王伝承となり禹王信仰として現代にまで継承されてきたと考えられる。

また、下流の安昌付近で塗山女と結婚して治水を開始し、上流へ向かって事業をすすめていき最後は嵊州の了渓で完了したとするストーリーになっている。これは当時の治水の中心課題が安昌など海岸部の高潮や塩害、および内陸盆地の嵊州での排水不良による池沼化や剡渓の洪水だったのであろう。そして、嵊州と安昌には各々禹王廟および塗山（禹后）廟を祀る夫婦に対する信仰となっている点は興味深い。

以上、短期間の訪問にもかかわらず、邱 志栄鑑湖研究会会長、禹王研究家張 鈞徳氏や呉 鑑萍さんらのご好意と誠意あふれる対応、説明によって大変有意義な紹興市訪問となった。心から感謝申しあげます。

2018 公祭大禹陵典礼に招待参加して

大脇 良夫

1. はじめに

私の紹興 大禹陵の訪問は今回で3度目である。2012年4月16日2度目の訪問の時、会場全体が綺麗に飾られていた。なにか大がかりな準備をしている。聞けば、国を挙げての大禹公祭が4月20日で、そのための準備だという。良いチャンスと思い、あと3日滞在しお祭りに参加出来ないか尋ねてみた。「公祭だから中国人でも招待や推薦が無いと参加出来ない。まして外国人は特別の許可が必要だ。少なくとも、今年は絶対無理だ」と言われ、自分には高嶺の花とあきらめていた。

2018年3月14日、昨年の富士川サミットに来訪された中国・紹興の鑑湖研究会 邱 志栄会長から大禹公祭への参加意思打診が突然あり、動揺した。4月20日まで1カ月しかない。立命館大学歴史都市防災研究所での災害文化遺産展（3月16日～5月16日）の期間中であることや、4月20日には個人的に大手企業での講演を引受けていたこともあり来年の大禹公祭参加に延期出来ないものかと逡巡した。しかし、こんなビッグチャンスはめっ

たにないだろうと考え直した。私と共に参加打診のあった植村 善博副会長に加え、日中の高校生の交換留学を実施しておられる水野 浩会員（神奈川県旭丘高校理事長兼校長）および西宮市で紹興市との友好都市業務に関わっておられる竹内 晶子会員（中国語通訳・翻訳家）の4人の参加申請を邱 志栄会長宛に送付した。しばらくして4人の公祭参加と3泊4日（4月19日～22日）の訪中日程が正式に決まった。こうして、記念すべき2018年4月20日を迎えた。

2. 大禹陵典礼への参加と行事

快晴のこの日の行事を詳しく記録しておく。
8時40分 ホテルから参祭専用バスで大禹陵入口に到着。降車後、徒歩で大禹陵に向け「祭祀神道」を歩き出す。と、すぐ鳥居状の大門「大禹陵牌坊」が聳え立つ。牌坊中央の「大禹陵」の3文字は1995年当時の国家主席 江 沢民の筆によるもので迫力に満ちている。神道をさらに進むと絶妙の間隔で道の両側に、辟邪（へきじゃ）、天鹿、龍馬、巨象、獬豸（かいち）、

89

臥牛、石虎、黄熊、三足鼈、九尾狐、野猪、応龍の12対の動物石像が大禹を守るように立ち並ぶ。伝説と神話の中を歩いているようだ。待機場所と指定されていた「禹跡館」までの道のりは、今日一日を予感させるようで神秘的な気持ちを高まらせていた。

9時15分　「禹跡館」で式典参列者とともに待機。席上には、紹興禹跡図（中共紹興市委員会宣伝部・紹興市鑑湖研究会編）が置かれ、熱心に閲覧する方が目立ち気分の高揚を覚える。

9時50分〜10時20分　「禹跡館」から5分の「祭禹広場」に着くと我々の入場を待つかのように盛装した人、人でいっぱいだった。しかし、整然と整列し清々しい。正面の緑の小山（会稽山頂上）から「大禹像」が見下ろす感動的なロケーションのもと、9時50分「2018年公祭大禹陵典礼」が開始された。

①開会挨拶　②シンセサイザー音楽　③太鼓連打　④献花　⑤祭文朗読　⑥参列者全員礼拝　⑦舞踊

⑧合唱の順で30分間のセレモニーだった。参加者は2000人余と聞かされた。最前列の円形ひな壇に115名が整列。大脇、植村2名はひな壇に招かれた。立ち位置は予め指定された第7列目8番（大脇）、10番（植村）であった。最前列の7人が花籠による代表献花を行う。献花者と役職は以下の通り。（役職名は2018年4月21日付『紹興日報』記事より。竹内 晶子氏提供）

水利部副部長（副大臣）　魏 山忠
浙江省人民代表大会常務委員会副主任（副議長）
　姒 健敏
浙江省副省長（副知事）　彭 佳学
浙江省政治協商会議副主席（副議長）　馬 光明
中国共産党紹興市委員会副書記、市長　盛 閲春
紹興市人民代表大会常務委員会主任（議長）
　譚 志桂
紹興市政治協商会議主席（議長）　魏 偉

10時20分〜11時　セレモニー終了とともに、2000人余が順序良く整列し徒歩10分の「亨殿」に全員参拝した。亨殿には「華夏聖祖大禹之神位」

が祀られ、一人ひとり厳粛に拝礼した。この亨殿は、明代嘉靖年間の創建、清代に倒壊したままであったが2008年4月に再建された。これにて「2018年公祭大禹陵典礼」行事は終了、流れ解散となった。

11時15分〜11時30分　禹廟大殿に4人揃って参拝する。

「夏禹王塑像」前に「治水神・禹王研究会」として献上した花籠の前で4人で記念撮影する。献花籠の右帯には「一衣帯水・續禹之緒」、左帯には「日本治水神・禹王研究会　敬献」と記してある。大禹陵のシンボルと称され、5m85cmの堂々たる「夏禹王塑像」。その正面に当研究会の名前が刻まれた花籠を目にし、私は感激した。悟られないように涙を拭いた。2011年に初めて塑像を目にして以来、このような瞬間が訪れるとは、夢のようであった。この花籠を「2018年公祭大禹陵典礼」に間に合うよう奔走して下さった紹興市鑑湖研究会理事の張鈞徳氏に厚く感謝申し上げたい。

11時50分〜12時30分　禹跡館見学。2008年の竣工で先述の張鈞徳氏も設立に深く関与されたと聞く。

展示内容は、①「紹興における大禹」と②「中国全土の大禹史蹟」から成る。世界唯一の常設の「大禹史蹟館」であり、日本の「治水神・禹王研究会」の皆様にも一見をお勧めする。

前者①では、1）紹興の禹跡、2）大禹祭祀、3）紹興と大禹の密接な関係を丁寧に解説展示。

後者②では、1）治水の英雄、2）立国の始祖・華夏の子として大禹を位置づけるとともに、3）中国各地の大禹遺跡を紹介する。

　最後のコーナー（中国各地の大禹遺跡）を見ている時、日本各地の禹王遺跡が紹介される日が遠くない将来に実現しそうな予感が突然襲ってきた。酒匂川の「文命宮」や岐阜県海津市の「禹王木像」写真、そして尾瀬・片品村の「大禹皇帝碑」、高松と広島の「大禹謨」、臼杵市の「大禹后稷合祀之碑」などの展示位置を私の目が勝手に追いかけていく。中国・紹興の「禹跡館」に展示される日！　私の新たな夢と願望である。「禹跡館」の展示内容は以前と変わらないが、こちら側の変化に比例して見

るたびに内容の密度が変わり心動かされる。最後に、正面エントランスホールの巨大屏風「大禹治水」と対峙する。大禹治水が生き生きと描写され、大禹エネルギーの源泉を突きつけられた感があり圧巻である。

12時30分〜13時30分　「禹跡館」見学後、責任者の張軍氏らと昼食を囲みながら懇談した。公祭大禹陵典礼という「禹跡館」年間最大のイベントを終えられた直後の懇談であり、その配慮に感激した。この席には旧知の友人常松木氏（河南省登封市大禹文化研究会常務副会長）も同席され旧交を温めあうことが出来た。大禹の出誕地とされる河南省や四川省からも、紹興の公祭見学に訪れる人は少なくないという。中国における大禹研究の中心は、やはり「禹跡館」のある紹興であることを再確認して大禹陵を後にした。これをもって、大禹陵での行事がすべて終了したのだった。

紹興市再訪と中日大禹文化国際学術シンポジウム

会員・事務局長　竹内　晶子

　中国の方はよく「次にお会いした時は老朋友ですよ」と言われます。まさにその言葉の通り、2017年10月の禹王サミット in 富士川に参加した「禹跡行」訪問団メンバーは、紹興市を訪れた治水神・禹王研究会一行4名（大脇会長、植村副会長、水野先生、竹内）を旧知の友人として暖かく心を込めて迎え、私たちも又、「老朋友」に再会した嬉しさと懐かしさに包まれました。

　さて、今回の紹興市訪問の最大の目的は、公祭大禹陵典礼に参加させていただくことでした。中央・省・市政府の要人、大禹子孫代表、大禹研究者代表、香港マカオ代表、海外華僑代表など多くの関係者が参列する国家行事・公祭に参加できるのは正式に招待を受けた人だけだそうですが、「禹跡行」訪問団副団長　邱 志栄鑑湖研究会会長のご尽力より、治水神・禹王研究会が公祭に正式に招待され、特に大脇会長、植村副会長は、VIP席での参拝が実現しました。4月19日から22日まで、わずか4日間の訪問でしたが、中共紹興市委員会宣伝部、紹興市社会科学界連合会、浙江越秀外国語学院、鑑湖研究会の多くの関係者が私たちの紹興市訪問と交流のために準備と手配をしてくださいました。特に、邱会長、全行程にご同行くださった張 鈞徳先生、呉 鑑萍先生には大変お世話になりました。この多くの方々のご尽力なくしては、このように実りある訪問にはならなかったでしょう。今回は、紹興市の大禹研究者との交流が行われたことも大変大きな収穫の一つです。日本における禹王遺跡の存在や研究の現状について中国ではまだまだ知られていない、ぜひこの機会に紹介してほしいとの紹興市側からの強い要望を受け、学術交流を行うことになりました。

　4月21日午後、浙江越秀外国語学院鏡湖キャンパスにて、「2018年中日大禹文化国際学術シンポジウム」が開催されました。熱のこもった発表と交流の時間は3時間に及びました。

　さて紹興市では、紹興市社会科学院が1995年に大禹研究センターを設立、これを受け継ぐ形で、越秀外国語学院が2006年に「会稽山文化研究所」を設立、同研究所は2008年に「大禹文化研究所」、さらに2014年には「大禹及び中国伝統文化研究センター」と改称されました。同センターはその研究領域を大禹研究、中国伝統文化研究、大禹と地方文化産業研究と大きく3つに定めています。中国が中華民族としてのアイデンティを辿ろうとする際、大禹研究は必要不可欠のもののようです。紹興のまちにとっては、その歴史や文化、そして将来への発展を考えるとき、大禹とのつながりを考えることが重要であると見なされているのでしょう。

　今回のシンポジウムは、紹興市社会科学会連合会、浙江越秀外国語学院、紹興市鑑湖研究会という官学民の三団体が共同で主催したものです。

　基調発表では、大禹及び中国伝統文化研究センター長でもある劉 家思教授が、日本人にもなじみの深い魯迅をテーマに選んで発表されましたが、日記などにみられる大禹関連記述の分析はとても興味深いものでした。また邱 志栄鑑湖研究会会長は、紹興禹跡図の完成をめぐって学術交流の重要性、2017年10月に富士川サミットで得られた成果を述べてくださいました。植村副会長は、「日本の禹王遺跡研究の現状」について発表されました。続くテーマ発表では、大脇会長が「大禹研究の契機と十二年間の系譜を辿る」、また水野先生は「日

中両国高校生の文化交流の現況と成果」について報告されました。

　中国側は、鑑湖研究会の張 鈞徳先生や呉 鑑萍先生、郷土文化研究会副会長の何 信恩先生が、大禹及び中国伝統文化研究センターからは、いずれも博士号を有する若手気鋭の研究者、丁 新先生、趙 宏艶先生、江 遠勝先生などによる様々な角度からの大禹へのアプローチが発表されました。その若さと発表を通じて伝わる研究への情熱に圧倒される思いがしました。趙先生の「陸游の詩における大禹」では、悲恋の詩を書いたという印象が強かった陸 游と大禹とのつながりを知り、紹興の人々の大禹への思いとその歴史の長さを再認識させられました。

　紹興市の研究者の方々との交流を通じ、紹興における大禹研究の厚みと広がりを実感させられたのは勿論、公祭会場では、河南省安陽市や四川省北川など中国大禹研究のメッカといわれる地から参加された研究者の方々にもお目にかかり、中国における大禹研究は各地が連携をもち、我々が想像もつかないほどの深さがあるように思われました。今後はその研究成果を理解し、学んでいかなければいけないと思います。

　シンポジウムでは、2017 年発刊の「大禹及び中国伝統文化研究第一集」が贈呈されました。そこには 2016 年 4 月に紹興市で開催され国内外から約 400 名が集った「大禹及び中国伝統文化国際学術シンポジウム」での発表内容を含め、中国各地の研究者の論文が掲載されています。この書籍が、かつての「中国禹学」の復刊であるとの解説もありました。「禹学」というこの名称は、中国では大禹研究が学問として確立されていることを如実に物語っています。さて、この論文集には、ある故人の論文が掲載されていました。大禹文化研究所初代所長の周 幼涛先生の論文です。

　私は、20 年ほど前に紹興市を訪れた際、紹興飯店の小さな売店でたまたま「紹興文化叢書紹興山水　周 幼涛主編」という一冊の本を購入しました。中には大禹について書かれている部分もあります。ずっと書棚に置き、時々手に取っていた本です。21 日のシンポジウムで、頂いた資料や論文集に、「大禹文化研究所所長 周 幼涛先生」という記述を見つけたとき、あの本の著者の先生がここにおられたと、何か見えない縁で導かれたような気持ちがしました。

　15 回目となる紹興市訪問でしたが、これまで接する機会が少なかった大禹や運河園など水文化としての紹興に出会うことができ、魅力あふれる紹興のまちにさらに魅了される訪問となりました。

紹興の運河園見学と大禹精神の今日的意味

会員（新名学園理事長・旭丘高等学校長）　水野　浩

1．紹興の運河園
－文化遺産の保存と活用、自然との共生－

　2014 年、中国の大運河はユネスコの世界文化遺産として登録されている。その大運河の最東南端の部分を浙東大運河と呼ぶ。浙東大運河は秦の時代に開発が始められ、隋の時代に形を整えられ、唐宋の時代に改修工事が行われ、京杭大運河や隋唐大運河と結ぶ運河網が整備された。この浙東大運河の中心に位置し、まちの文化が大運河とともに世界遺産として認められたのが紹興市だ。私は、2018 年 4 月 19 日から 22 日の 4 日間、治水神・禹王研究会のメンバーとともに浙江省紹興市を訪問した。4 月 20 日の午前中、禹王公祭に参列し、4 月 21 日に紹興市越秀外国語学院で、2018 年の「中日大禹文化国際学術研究会」に出席し、「大禹を通じての日中高校生教育・文化交流の現状と課題」というテーマで報告を行った。私の報告に対し、研究会にご参加の方々から種々な反応もあり、

考えさせられることが多かった。それは最後に述べたい。

　4 月 20 日の午後、紹興市鑑湖研究会の会長 邱志栄氏らの案内で紹興市の運河園を見学した。そこで、河南省禹王研究会の常 松木さんとも再会した。このとき、紹興の運河園の建設を設計した人は、実は邱 志栄会長自身であったことを初めて知った。邱会長は、元紹興市水利局の副局長を務めた地域リーダーである。治水神・禹王研究会の会長大脇氏は、「邱会長は絵や文学、学術論文の執筆などを手掛ける多才な人で、運河園の設計は彼の傑作のひとつ」（2018 年 5 月 2 日の京都立命館大学「日本の禹王遺跡と治水神・禹王信仰展」での聞き取り）と話している。邱会長とは、昨年山梨県の富士川で開催された第 6 回全国禹王サミットで遠くからお目に掛かったことがある。当時、邱会長は日本の河川の改修や維持、保存事業などについて強い関心があったことを改めて思い起こした。

右から竹内、水野、邱会長、大脇、呉のみなさん（運河園）

邱 志栄会長が設計した紹興の運河園

　邱氏は、この運河は紹興を北京と結び、また黄河ともつながり河南省や陝西省とも結んで、弘法大師空海の往来や運河を中心とした南北の経済圏形成を支えたことなどを説明された。

　邱氏によると、2002年に紹興市政府は、浙東古運河の歴史文化遺産の保護とその再現を目的に運河園を建設したという。運河園は浙東古運河の中心に位置し、紹興市から紹興県境まで続く全長4.5km、面積25万㎡に及ぶ巨大な公園だ。ここには「古運河の歴史文化の記録」、「沿岸集落の風景」、「古くからの石橋の遺産」、「千艘万艇の再現」、「唐詩の路」、「先人たちの知恵に学ぶ」という6つの観光文化スポットがある。これらのスポットは、それぞれ水と空が一体になった立体的美を形成した素晴らしい景観を備え、古くから形成された地域独特の水文化を楽しむ絶好のスポットとなっている。

　運河園は、実に壮観だった。園内には紹興の古運河の長い歴史の年月を感じさせる石碑が立っており、そこには歴史上の著名人たちの紹興の運河とかかわる詩やエピソードなどが刻まれてあった。そして緑豊かな自然環境と水、空の色が一体化して、素晴らしい景色だった。設計者の邱 志栄氏によれば、「浙東の古運河が越国の重要な都市と地域を結んだ主なルートだったことに因み、人間と自然の共生に心かけた古代越人の治水精神から学ぶこと、運河を中心として形成され発展してきた紹興独特の商業文化を継承すること、現代の科学的な観点から古運河と自然保護を一体化することが

運河園建設の目的だった」（邱2007）そうだ。この目的の基は、古くからの歴史的な町の風景の再現と、現在の町並みとマッチした庭園化された町を創設するという発想をもって運河園の建設を進めたという。さらに、「運河の沿岸部を30から60mにまで広げ、景観と眺めをよくするべく、建物や植物の配置にも工夫した。またコンクリートを一切使わずつくられた古い石橋などを再建すること、古くからの伝統工芸技術を最大に取り入れながら自然美を作り出し、水と青空の一体化を図っていくことを心かけた」（邱、他2007）という。

　運河は、遠く離れた地域と人々を結び付け、人々の生活を豊かにしてきた。運河は人間の知恵が作り出したものだ。実に水を治めた大禹の精神だ。大禹の精神はこのように受け継がれ、生きていくものだと感じたときだった。

　今、中国が掲げる国際連携の原型が大禹精神にあるのではないだろうかと思わせるものだった。禹王が紹興のあたりに二度もきて、治水にあたったという言い伝えがある。そして周知のように、紹興の会稽には大禹の墓があり、禹王祭が行われてきた。

　浙江省の紹興は「越国」としても知られる。春秋時代の越王允常は、自らを大禹の20代目の子孫だと自称したそうだ。大禹とゆかりのある土地で禹王公祭に参加し大禹精神を感じ取ったのは、日中の高校生たちに大禹の精神を学びとる探求授業を行ってきた身として、不思議な縁を感じた瞬間だった。紹興の古運河が形成してきた水運や町と

かかわる地域独特の伝統文化を保護、維持、継承し、今日の観光のまちづくりと一体化したのは紹興の運河園だ、と考えたい。

2．教育の立場から考える大禹精神

　私はここ数年、日中両国の高校生による文化交流活動に参加する機会を得ている。碑文を通して大禹の治水精神とその高い品徳を読みとる探求授業を、両国の高校生と共に同志を得て行ってきた。紹興での報告は大禹探求授業に関する内容だった。大禹は黄河の治水工事を成し遂げた偉業と、治水工事に我を忘れて献身した偉人として知られる。人民のための指導者として中国の教科書にもある、人民に尊敬される存在である。大禹の治水の知恵と精神は日本にも広く伝わっており、各地での暴れ川の岸辺に顕彰碑が建てられている。この間、「治水神・禹王研究会」のメンバーが日本の各地にネットワークをつくり、大禹の遺跡を発掘、発見してきた。例えば、神奈川県の酒匂川の大洪水が治められた後に作られた堤は、禹王の名前「文命」堤と命名されている。この地に建てられた福澤神社の祭神には大禹が祭られている。旭丘高校相撲部は、2018年5月5日福澤神社小祭の「ちびっ子相撲大会」に参加している。

　では、大禹の精神を若い人たちに伝えていくことの意味と意義は何であろうか。

　私たちの高校では、河南省安陽市殷墟の甲骨文字「教」と「育」の読解授業とも係わり、教師の一人ひとりが「鞭」を打ってでもしっかり子どもに「かずとことば」を教え、母親の本性で子どもが持っている「発達課題」を引き出す教育—青年期人間発達教育—を志向している。高校時代の青年期は、3つの「セイ」が形を作っていく大事な時期である。つまり、自立心が芽生えてくる生活の「生」、男女という異性を意識し始める「性」、まつりごと、すなわち政治や社会に関心を持ち始める「政」である。一人ひとりが持つ3つの「セイ」を踏まえて、自立した社会人として成長することを手助けすることは教育者の使命でもある。

　また私たちは、足もとからのグローバル教育を学校づくりの重要な一環として捉え、国際連携教育を積極的に実施してきた。そのなかで、2014年に中国の西安外国語大学附属西安外国語学校と姉妹校の提携を交わし、その後河南省安陽市開発区高級中学校とも姉妹提携を結び交流を深めてきた。「相互訪問」から始まった交流は、特に西安では相互に留学制度を導入するための協議を進める段階までに発展してきた。生徒たちは交流を通してそれぞれの国の生活や文化を体と心で受け止め、国や文化の違いを認識し、共同と連帯に係る積極的な行動を起こしている。その意味で、子どもたちが大人として発達していく大切な段階において、大禹精神について考えることは重要であると思う。また、子ども・生徒が「物の見方・考え方・変え方」を形成していく上でも、大切な指針になるのではないかと考えられる。交流を通じて更なる相互理解を深めることが、ともに平和で豊かな国際社会の在り方を探求してことにつながるのではないだろうか。

　かつて運河が多くの地域を繋げ、そこの人々は運河を通して交流してきた。私は運河園の入り口の地図を見ながら、運河の向こうにつながっている西安や安陽の高校生たちの笑顔を思い出したものだ。私が報告を行った研究会でも、多くの若い研究者や大学生が活躍していた。今後、私たちの学校が紹興との間にも、西安外国語大学附属西安外国語学校及び安陽開発区高級中学同様の交流活動ができることを期待したい。

参考文献：
邱 志栄「紹興市水環境整治中水文化建設的探索と思考」『水利発展研究』（2007）
邱 志栄、他「伝承古越文脉展示水郷風情——紹興運河園建設的理念和実践」『中国園林』（2007）
治水神・禹王研究会「日本禹王遺跡分布図」（2017）
大脇 良夫・植村 善博『治水神禹王をたずねる旅』（人文書院 2013）
王 敏『禹王と日本人—「治水神」がつなぐ東アジア』（NHKブックス 2014）

2018年　台湾の禹王（水仙尊王）巡検報告

大邑 潤三・谷端 郷・田中 麦子・中嶋 奈津子・植村 敏子・植村 善博

1. はじめに

　この旅行は2018年11月11日から15日までの4泊5日、桃園空港から高雄空港まで西部を中心に約400kmを南下するものである。台湾における禹王とその信仰の中心である水仙宮を新竹、台中、台南で見学すること、1935年の台湾中部地震と1999年集集地震の記念碑を訪ねることを目的とした。それだけでは単調なので、霧社事件の現場および阿里山と玉山からのご来光を眺めること、土木技師八田 與一氏の烏山頭ダム見学など変化をもたせるようにした。

　旅は全て8人乗りフォルクスワーゲンのバンをチャーター、普通ではアクセスの難しい地点へ快適なドライブで達することができた。ドライバーの廖氏は見かけ肌黒く大柄で強面な印象だったが、じつに細かく気くばりができ安全運転をしっかりやってくれ大変めぐまれていたと思う。昼は小食堂へ案内してくれ、地元の人と一緒に地域の名物を食べた。安くてうまい上に台湾人の食事事情を観察する機会ともなった。

巡検ルート図

　この記録は参加者各人に1日ごとに書いてもらったものを編集し、研究会誌用に禹王の記述を書き足したもので、台湾巡検の旅を一緒に楽しんでいただければと思う。

　最初に台湾の禹王遺跡について紹介しておこう。こちらでは水仙尊王といわれる海洋神の信仰が福建省からの移民によってもたらされた。明末から清代に福建からの移民は、遭難が頻発する台湾海峡をこえて台湾へやってきた。渡航の際の航行安全と海難救護を祈願したのが媽祖と水仙尊王だった。現在、媽祖（天后、天妃や天上聖母ともよぶ）を祀る廟は514件、水仙尊王を祀る廟は40件ほどある。これらは道教の神として祀られ、他の多くの神仏とともに廟や寺などに祀られおり、見学することができる。水仙尊王とは大禹を主神とし、水に関わって落命した項羽、李白、屈原、寠王、伍員などから4神をあわせて祀るもので、大禹や屈原のみを祀って信仰するところもある。

　いずれにしろ、水仙信仰は海上の安寧、航海や貿易、漁撈の無事と繁栄を祈願して水仙宮（廟）が貿易港や漁港付近に建立され、彼らの強い信仰を受けてきた。したがって、遺跡と過去形にするのではなく、生きた信仰として現存している点に大きな特徴がある。水害除災や収穫豊穣の祈願、治水事業の顕彰などを中心とする日本の治水神・禹王信仰とは大きく異なる点に注意が必要だ。

　また、台湾では海洋神大禹の信仰とともに、赤や金色でピカピカの神像や仏像、派手な廟建築や内部装飾を観察し、廟と街の歴史をあわせて考えることも重要なポイントといえる。今回の旅行では企画段階から旅行社との交渉、現地での案内まで親切に対応いただいた塩川 太郎ご夫妻に大変お世話になりました。ご好意に心より感謝します。

（植村 善博）

2. 第1日目
関西空港－桃園空港－新竹－台中永豊桟酒店（泊）

　台湾へは大学院修士課程以来、実に9年ぶりの渡航であった。一週間ほどの日程であったため諸々の仕事を急いで片付け、当日はJR京都駅5:45発→関空7:10着の特急はるかで関西国際空港に向かうため、前日夜から寝ずに準備をしてタクシーで京都駅に向かった。関空は台風21号の被害を受け直前まで影響が心配されたが、連絡橋を通って無事に到着することができた。当初の予定通り中華航空9：15発→台湾桃園国際空港11：35着の便にて無事に台湾の地を踏むことができた。

　空港に到着すると5日間お世話になる運転手の廖さんが、"植村先生"の看板を持って出迎えてくれた。秋の装いで日本を発ったが空港を一歩出ると外は蒸し暑かった。時計を1時間遅らせ台湾時間に設定し空港を後にする。8人乗りのバンの助手席に先生、中央に女性陣3名、後ろに谷端氏と私が座った。バンには人数分の水が備え付けられていたほか、Wi-FiやUSB給電設備も完備した快適な環境であった。

　旅行中の廖さんとの意思疎通にはもっぱらGoogle翻訳を用いることになった。隙間なく林立する高層マンションを眺めながら、高速公路（国道）1号を南下する。昼食のため新竹市で下車すると独特の香辛料の香りが出迎えた。9年前にも嗅いだ懐かしい台湾の匂いだ。昼食は海瑞貢丸大㭟指小館で炒米粉（ビーフン）と貢丸湯（ゴンワンタン）を食した（1人100元）。細いビーフンと貢丸は新竹の名物だそうで、独特の弾力がある肉団子が入った貢丸湯のスープだ。豚もも肉、ウド、クコ、キノコ、酸菜、イカ墨などでつくる練り物で、我々はすぐにこれを気に入った。新竹を訪れる方には是非お勧めしたい。

　昼食後、禹王を祀った新竹北門街の水仙宮を訪れた。媽祖を祀る長和宮が1742年に建てられ、貿易港として町が繁栄するとともに1862年に隣に水仙宮が増設されたものだ。道を挟んだ向かい側には"媽祖廟口檳榔"（ビンロウ＝台湾の嗜好品）や大阪拉麺神虎の看板がある。周囲にはレンガ造りの古い建物もあって日本統治時代の旧市街の雰

新竹市北門街の水仙宮

囲気を醸し出していた。しかし龍がのった鮮やかな廟の屋根の向こうには、廟とは異質な大きなビルがそびえている。ここは古さと新しさが共存する街であった。廟にはひっきりなしに参拝者が訪れ、長い線香を手向けていく。参拝にはルールがあるようだ。同行した田中さんは親切な女性に参拝の仕方を教えてもらっていた。

　新竹を後にして我々は豊原市の西にある神岡区の大震災神岡庄殉難者追悼碑へと向かった。この石碑は1935年新竹・台中地震の犠牲者を追悼するために地震の翌年に建てられたものである。到着すると鳥居形の門、選挙カーの太鼓・爆竹の音（ちょうど総選挙の最中）が私達を迎えた。ここで台湾の地震碑研究の第一人者である塩川太郎さんの家族と合流、地震記念碑についてご教示頂いた。驚くことに石碑の上にショウガが干してある。漢方薬にでもするのだろうか。「追悼碑に何てことを…」とも思ったが、これが台湾流の災害記憶の伝え方なのかもしれない。

　台中州知事 日下辰太と記す日本統治時代に建てられた碑は、解放後に"昭和"の文字が消された。しかし1998年に修復された際には元の状態に戻されている。石碑は人々の生活を見守りながら、大きな時代の変化を乗り越えてそこに建っていた。

　夕暮れが迫り、急ぎ台中市清水区の地震記念碑に向かった。本碑も1935年新竹・台中地震の1年後に建てられたと考えられるが、元の石碑（皇恩無窮の刻字があったという）が4面とも石版で

覆われており詳細は不明である。また後から震災犠牲者の名前が彫られるなど明らかな改変が行われていた。石碑は旧清水神社の参道脇に設置されたもので、神社跡には「祝皇紀二千六百年　大甲郡小公学校職員一同」（"皇"の字は少し削られているようにも見え、何かで文字が埋められた痕跡もみられる）の銘がある狛犬が鎮座している。こうした日本統治時代の遺物が完全に壊されず、一部改変されて残っているのが台湾の特徴である。

　台湾海峡を臨めるであろう丘から眺めた夕日と崖下の街は、PM2.5の影響か強く霞んでいた。しかし石碑の上にあがった三日月は美しく、一行は暗くなるまで石碑を眺めていた。

　夕食は市中心部の"千葉火鍋"という食べ放題の店を塩川さんが手配してくれた。眼の前に熱せられた鍋が用意され様々な具がバイキング形式で提供されている。ほかに飲み物やデザートなども用意されており、台湾の食材を堪能することができた（1人480元）。初日のホテルは台中の中心街にある永豊桟酒店であった。ホテルにはWi-Fiが完備されており、初日を振り返りながら明日に向けての情報収集を行うことができた。（大邑　潤三）

3.　第2日目
台中－921地震教育園区－埔里－霧社－盧山温泉（泊）

　朝8時にホテルロビーに集合し、午前中に台中市柳川の水仙宮と霧峰の地震博物館、午後に埔里の震災遺構などを見学、霧社事件の舞台となった記念公園をまわり、15時頃にこの日の宿泊地、盧山に到着した。

　台中市中心部にある水仙宮は柳川のほとりにある。ここはビル群に取り囲まれ、河川沿いがウォーターフロントとして整備されている地区で、そのモダンな雰囲気と、朱色を基調とした簡素な造りの水仙宮とが実に対照的である。この水仙宮は1959年の洪水の際に流れ着いた水仙尊王（大禹）の木像を祀ったものだという。洪水で流されてきたもの（たとえば地蔵）を祀るという行為は日本でも見受けられるが、台湾で洪水に関わる水仙宮

は本廟とここから1980年に分祀された台中市北屯水仙宮しかないという。水仙宮の入口には「水仙宮」と書かれた扁額と、向かって右の柱に「水治無災皆帝澤」、左の柱に「仙化洪害是聖恵」の対聯文字を見る。意味は「水仙の教え導きによって洪水災害がなくなったことから、人々はこのことを帝聖の恩恵と感じ、感謝している」くらいであろうか。禹王の治水の事績が称えられている。そして、入口正面の祭壇には、所狭しと様々なご神体が並び、その中央の奥にひときわ大きな大禹像が安置されている。なお、水仙宮の隣には土地や金運・商売の福徳神を祀る小祠があり、ガジュマルの木もご神体として祀られている。様々な自然物や多種の神様をどんどん合祀していくのが台湾流だと植村先生が解説された。

台中市柳川の水仙宮

　次に訪れたのが、台中市霧峰にある世界最大の地震博物館「921地震教育園区」である。「921」とは、1999年9月21日に発生したマグニチュード7.3の集集地震のことで、地震で被災した光復中学校敷地に展示施設と地震断層、倒壊した校舎などが保存されている。この博物館は2007年に開館、最大の見せ物である車籠埔地震断層の保存にあたっては兵庫県淡路島の野島断層保存館の経験が活かされているという。当日の月曜は残念ながら休館日であったが、園内の一部が解放されており野外展示を半分ほど見学することができた。園内を小一時間ほど巡り、世界最大といわれる地震博物館としての規模の大きさに圧倒されるとともに、これを残そうとした台湾の人々の心意気に

畏敬の念を抱いた。

　ついで、台湾で唯一海に面していない南投県の埔里の町の震災遺構および「埔里酒廠921震災紀念園碑」を訪れた。

　埔里は山間盆地に位置し、運転手の廖さんによると4つのWで有名だという。4つのWとは水、ワイン、ウィンナー、女性。ワインはおそらく紹興酒のことであろうか。紹興酒で味付けされたソーセージ（香腸）が有名らしく、廖さんが買ってきてくださって、皆でおいしくいただいた。昼食はにぎやかな食堂で爌肉飯（豚丼）を食べた。豚丼といっても日本のものとは違いご飯の上に野菜と炒めた卵が敷かれ、その上に一塊の豚の角煮が乗ったものでおいしかった（1人65元）。その後、紹興酒の工場「埔里酒廠」が1999年の集集地震で倒壊、一部が震災遺構として保存されている場所を見学。巨大な紹興酒の貯蔵庫が、倒れ掛かった柱によって押しつぶされている様子が見て取れ、地震規模と災害の甚大さを思い知らされた。

　本日の宿は、盧山という鄙びた温泉街だが、その手前に霧社という村がある。霧社は日本統治時代に少数民族のタイヤル族系の集団が日本の植民地支配に反対、抵抗して蜂起した「霧社事件」の舞台となった地である。1930年10月27日霧社公学校の運動場に集まっていた日本人らをタイヤル族の頭目モナ・ルダオ（莫那 魯道）によって統率された約300人の高山少数民等が襲撃、日本人134人が殺害された。反乱は総督府や軍に大きな衝撃を与えたが、約2000人を動員する総力戦により約50日後に鎮圧された。事件の記念公園は幹線道路沿いにある。公園の入口には、白を基調とした大きな門（牌楼）が建っている。園内はモナ・ルダオの像や慰霊碑（莫那 魯道烈士之墓、大きなレリーフ）、霧社山胞抗日起義紀念碑、霧社原住民抗日偉像など多くの抗日記念物で埋め尽くされている。しかし、見学者は少なくひっそりと佇んでいるように見えた。参道にはなぜか金メダルの飾り物が見られた。近くで大愿茶社を営むお姉さんの話では、ちょうど昨年霧社事件を偲んだ運動会が開かれたからだという。モナ・ルダオらの蜂起

は日本人たちの運動会開催中の間隙を縫って実行された。そのことにちなんだ記念行事と思われる。ちなみに、霧社事件については「セデック・バレー」という台湾映画がある。ご関心の向きはご覧いただきたい。

霧社事件、モナ・ルダオ烈士の像

　公園近くの仁愛国民小学校では男女生徒30人ほどが高地民の伝統的な舞踊を熱心に練習している様子を見学できたのも得がたい経験だった。この日、宿に向かう車内で植村先生が「北国の春」を歌われた。大邑さんによると先生が人前で歌うことは珍しいという。先生にとってよほどうれしい出来事でもあったのだろうか。思い当たることがないでもない。我々が霧社を発つ直前、霧社事件の記念公園で我々の疑問に親切に答えてくれたお姉さんの店に立ち寄ってお茶を試飲したり、お土産のお茶を選んだりしていた。先生はその輪には加わらず、店の棚に飾ってあった「大禹嶺」と書かれた茶缶を発見された。大禹嶺とは中央山脈北部の高度約2400mの高峰で、付近でとれる「大禹嶺茶」は台湾高山茶の中でも最高級だという。残念ながらその茶缶の中に幻の「大禹嶺茶」は入っていなかったが、お姉さんの厚意により先生は「大禹嶺」と書かれた茶缶をただで手に入れ喜んでおられた。盧山温泉は谷間に大きなホテルや民宿、みやげ店がぎっしり並ぶ観光地だが、元は日本人が開発した冨士温泉に始まる。無色無臭の飲めるお湯で、当初は警察や役人の保養地として

利用された僻地のかくれ湯であったという。しかし、2008年の水害により深刻な被災をうけ客が激減しているという。（谷端 郷）

4. 第3日目
廬山温泉－日月潭（文武廟）－嘉義公園－阿里山賓館（泊）

朝は8時に出発。急勾配の道路を一気に下って埔里にもどり、地理中心公園に到着。東西と南北に引いた直線のちょうど真ん中地点に台湾中心碑があった。台湾の中心（N23°58′32″ E120°58′25″）、まさにヘソに来ている。しかし、中心碑は公園内に知る限りでは4つもあった。921地震では地盤が数m変動したため中心碑の位置がずれ、測量し直して新たに移動させたと書いてある。

日月潭は台湾を代表する最大の淡水湖。湖の北側が太陽の形、南側が月の形をしているのでこう呼ばれる。この湖は日本統治時代に濁水渓上流から水を引き、巨大なアース式ダムで堰き止めてできた人工のもの。湖の西南部にダムがあり、そこから水力発電に利用している。この電力により台湾の産業は近代化し、市民生活も電気の恩恵を受けるようになった。日月潭は空気も澄んで視界が開けた湖で、台湾有数の観光名所、今回唯一日本人観光客に遭遇した。

その日月潭を見下ろすように立派な文武廟が北側にあった。学問の神様の孔子と武の神様の関羽、岳飛を祀っている台湾で一番大きな廟だとか。中国北朝宮殿の様式である。日本統治時代、日月潭の近くのあった水社村の龍鳳宮とト吉村の益化堂という廟があり、発電所の工事により日月潭の水位が上昇したことで撤去され電力会社が二つの廟を合併して1938年（昭和13）建立したのが最初である。つぎに、古坑では「花香・蝶舞・幸福荘園」のテーマサービスエリアでトイレ休憩、静かで清潔でホッと一息をつけるところであった。

昼食は嘉義市内の「嘉義人」という地元の人気店で鶏めし（火雞肉飯）を食べた。入り口のショーウインドウで材料をみて注文するのだが、ガイド兼運転手の廖さんのセレクトで鶏飯と味噌汁、ブロッコリー、オクラ、なすの漬物とキャベツの炒め煮と煮豆腐を食べた（1人75元）。鶏飯は蒸した七面鳥の肉を細かくしてご飯に乗せて、タレをかけたもので、あっさりとしてコクがあり美味であった。

午後から嘉義公園を見学、面積が26.8 haの大きな公園（入園料50元）。1910年の日本統治時代に開園している。ここでは1906年（明治39）の梅山地震の地震記念碑と日本統治時代の嘉義神社の遺構見学をした。嘉義公園と金文字で描かれた公園の標柱から入ると孫文の坐像。公園には小便小僧あり、中国風東屋あり、孔子廟あり、奥に嘉義神社の境内の残りの灯籠、狛犬、齋館と社務所ありの和洋中様式の公園であった。

われわれは一目散に地震碑へ。ここの地震碑は中国様式で龍の彫刻が碑文の上に施されたもの、特徴的なことは碑にスパッと斜めに切られたような跡が見られる。これは人為的破壊か自然破損なのか判断できない。しかし、建立と修復の経緯を記した碑文が前に設置されている。地元の医師荘伯容氏が慰霊のために建立したが、戦後は石板が貼られ青年育楽中心と記されていたという。2001年に再発見されて復元されたものである。碑の基壇部の前面にみえる絵を見るために水をかけたり影を作って絵が鮮明にわかるように皆でワイワイガヤガヤ、何か蛇のような龍のような？ 結局わからず。大邑さんの画像処理による解析に任せることになる。

孔子廟を抜けて嘉義神社の本殿跡にでた。そこは原住民の射日神話を題材にした高い射日塔となっているが、展望台は閉鎖されていた。そこに続く石畳や灯籠、狛犬、書院造りの齋館と社務所（嘉義市史蹟館に利用、修理のため休館中）が日本の神社の面影を強く残していた。

嘉義公園を後にクネクネとした阿里山への急な登山道を車で登って行く。途中のセブンイレブンでトイレ休憩。台湾のセブンイレブンは日本と大きな違いはないが、台湾のお土産のパイナップルケーキアイスを美味しくいただいた。

日暮れとともに阿里山に入山（1人300元）。バ

スを乗換えて阿里山賓館に到着。阿里山賓館は台湾国内で標高が1番高い高級ホテル。隣の客室の入口に台湾総督の名前の銘板があった。フロントで明朝は3：50にモーニングコール、4：40鉄道駅へのバス発車、5：20祝山鉄道の発車、日の出は6時40分といわれる。汽車の切符2枚（往復300元）をくばられる。その夜は夕食までの時間を利用して、ショッピング三昧。阿里山のお茶と嘉義名産のクッキーと先住民のTシャツを購入。夕食は豪華バイキングであった。（田中 麦子）

5．第4日目
阿里山祝山駅－玉山ご来光－烏山頭ダム・八田 與一像－鹿耳門天后宮－塩行禹帝宮－台南大飯店（泊）

　朝5時30分、気温12度のまだ暗くて寒い阿里山駅から列車に乗って祝山へ向かう。次第に空が明るくなり、日の出が見える嬉しい予感。約25分で祝山駅に到着、ここは高度2451mの台湾鉄道の駅として最高点であるという。高台に上がると日の出を見るために集まった多くの人々で賑わっている。彼らの言葉からアジア圏の人々であることがうかがわれる。屋台では魚介の団子が入った温かいスープや饅頭の湯気が上がっていて、人々が空腹を満たし冷えた身体を温めている。6時30分を過ぎると玉山の山頂（高度3952m）に光がさしてきて、それが次第に丸く大きくなって山頂に姿を現した。直視できないくらい光を放つ見事な御来光に思わず手を合わせる。この感動は一生忘れない。

玉山（3952m）のご来光

烏山頭水庫の八田與一像と墓碑

　下山後、再び車に乗り込み台南の烏山頭水庫風景区公園へ。烏山頭水庫は海抜468mの烏山嶺に位置する台湾最大のダム（1930年に完成）で、美しい景観が眺められる（入園料100元）。公園入口近くには、このダムの建設や発電事業など台湾の農業水利事業に多大な功績を遺した日本人技師八田 與一（1886～1942年）の銅像と墓碑が建立されている。像には嘉南大圳設計者 八田 與一氏とあり、多くの花束が捧げられていた。後の墓碑は與一と妻の外代樹（昭和20年敗戦後ダムに投身）のもので、1947年に地元の水利協会が建てた。

　烏山頭水庫の建設は総督府の総まとめの大土木事業でもあり多額の資金と多くの技師の協力、最新鋭の技術や機械を投入して完成された。これにより嘉南平野15万haの土地に水の供給が可能となり、水稲・サトウキビ・雑穀の三圃制土地利用を実施して、嘉南地区の農業生産力を飛躍的に向上させた。米や砂糖の大部分は日本へ出荷されたのだが、地域住民の生活改善にも貢献した。こうしたことから、地元の人達により八田氏の功績を讃えて銅像や記念公園が造られたことは注目すべきことであろう。昼食は麻豆の名物料理碗粿（ワーグイ）をいただく。茶碗に米の粉汁とエビや肉などを入れて蒸す。いわば堅めの茶碗蒸でとてもうまい（湯を含め1人60元）。

　午後はいよいよ最大目的である鹿耳門天后宮と

永康区の塩行禹帝宮へ向かう。台中市在住の塩川夫妻と待ち合わせ、鹿耳門廟内を見学する。ここはかつての海岸にあって台南への重要な貿易ルートとなる水路があり、鄭成功の軍船は水深が浅いため浸入できなかった。そこで船中の媽祖に祈願すると水位が一気に3mも上昇、ここを無事に通過して安平の砦に立てこもるオランダ人を駆逐、台湾を解放したという歴史をもつ。このため、鄭成功が感謝の気持ちから1719年に廟を建て媽祖を祀ったのが始まりだという。現在は堆積により内陸に取り残されてしまっている。

今日の媽祖廟は1984年のもので、絢爛壮大な廟は台湾最大級である。天后宮は山門と飾り（燕尾・龍柱・右に龍、左に虎の門神など）のついた本殿が一体となる福建省の閩南様式の典型であり、色彩鮮やかで豪華絢爛な作りである。媽祖を主神、隣に大禹の水仙を副神として祀っており、2つの海洋神をもつのが特徴である。

その後一行は禹帝宮へ。台湾本島では「禹」の文字がつく唯一の廟である。かつて植村先生がはじめて「禹」の文字をここで見つけて感激されたという場所でもある。鹿耳門天后宮と同様、荘厳で美しい閩南様式がここにも見られる。清代1777年に建立されたが、1946年の新化地震で全壊してしまった。現在の廟は1994年に完成したもの。水仙尊王には5体の神を祀る（1体は大禹、4体は水中で落命した人物を神格化したもの）。かつてこの地域では塩造りが盛んで、1683年に初めて廟を作り水の神に感謝したのが起源だという。

禹帝宮の後、台南市中心部に入ると帰宅のラッシュに巻き込まれ、道路はバイクと車で大混雑、そのすごさは日本の比ではない。夕食は中正路の有名店「度小月」へ。さっぱりしたスープの担仔麺と貢丸湯、デザートの愛玉（あんみつ）をおいしくいただく（1人170元）。店の隣は台湾土地銀行、ななめ向かい旧林百貨店など立派なビルが並び、かつて台南銀座とよぶ商業中心地であった。そして本日の宿、台南大飯店へ。周囲には日系デパートや深夜まで営業する店、飲食店など繁華街が広がる。ホテルスタッフは日本語可、便利さと

行き渡る心遣い、そしてトイレに紙を流せることが嬉しい。けれど、なにかあの静かな山中の温泉宿や小さな饅頭店、茶園、大自然や日の出が懐かしくて仕方がない。いつの間にか、私はすっかり台湾という国と禹王を追うこの旅にはまっていた。植村先生ご夫妻はじめ運転手の廖さんを含めた7名の旅の仲間と、さまざまな感動を共有できたことがこの旅の最高の醍醐味であった。最後の晩、皆で夜の街に出掛けてデパートで土産物を購入する。ホッとした気持ち、そして少し淋しい気持ち、それぞれの思いを胸に明日はいよいよ帰国である。
（中嶋 奈津子）

永康市塩行の禹帝宮

6. 5日目
台南水仙市場－神農街・薬王廟－安平古堡（ゼーランデア城）－高雄空港

昨夜の宿泊は台南駅近くの台南大飯店。朝食前に日本統治時代の建物である台南駅へ行ってみる。建物は改修工事中でその全容を見ることはできなかった。早朝の通勤、通学のラッシュ時で駅構内は大勢の人。プラットホームは列車を待つ人の列。駅前のロータリーもバスを待つ人の群れとバスに乗り遅れまいと小走りの学生達、既に活動を始めた人達で溢れていた。赤信号で車が止まる。車より前にはバイクが一団となって止まる。青に変わった途端、バイク優先でダダーッとスタートする様に圧倒されそうになる。台湾のどこでもこの光景、ひどい排気ガスでマスクは必携である。

朝7時、ホテルのレストランで朝食。ビジネスマン風の日本人客が朝食をとっていた。昔の都で

あった台南は今も大都市で、日本からのビジネスマンや観光客が多いのかもしれない。

　8時、廖さん運転のマイクロバスで一路台南の下町にある水仙宮市場へと出発。車窓から見える新しいビルの間に日本統治時代の板張りの長屋が軒を連ねている。戦後の日本もこの様な長屋が身近に建っていて生活が営まれていたなあと懐かしく見ていた。水仙宮市場は生鮮食品を売るお店で活気に満ちていた。鮮魚介の店が多い。牛肉を扱う店は少なく豚肉が圧倒的に多い。豚足が店頭にぶら下がり、使い込まれた丸太のまな板の上で肉をさばく手は休めず、大声で喋り続けるおじさんに暫し見とれる。鶏もお店の棚に山と積まれ、次々と売れていくのを目の当たりにし、日本との食文化の違いを感じる。野菜、果物も豊富で安い！買って帰りたい！　しかし、税関でスーツケースからキャベツがゴロゴロ…と想像すると諦めるしかない。

　迷路のような水仙宮市場の雑踏を抜け出た所に水仙宮が建っていた。ここの水仙宮は1684年（清康熙24）に創建されたもので、台湾最古の大禹を祀る祠として重要である。かつて、北勢港に面した立派な廟で、大陸貿易に従事する富裕商人達の結束と繁栄のシンボルであり、現在もまた地域の信仰の場になっている。右手の龍の入口から入り、

たくさんの神像に守られた禹王像に手を合わせ、左手虎の出口から出てくる。車と人で混雑している大通りから路地に入ると、そこは神農街景観区（旧北勢街を改名）。昔からの古い長屋で、1階がお店2階が住居の職住一体型。所々改装改築した家をカフェや雑貨屋にしたり、有名な木彫師の御輿屋さんがあったりと綺麗に舗装された石畳を歩くのも楽しい。

　神農街の突き当りには医薬の祖としての神農を祀っている「薬王廟」が建っていた。この薬王廟も昔のままの建物と改築して新しくなった建物とからなっていた。内部は炊事場や会議室があり、この街のコミュニティセンターの役割をしていることがわかる。神農街の小洒落た雑貨屋さんでお買い物タイム。台南は帆布が有名で帆布のトートバッグを買った人、台南の古地図が描かれたファイルを買った人、ラムネを飲んだ人、私はスモッグがひどい台湾ではマスク必携と前から思いながら、旅行最終日ついに京劇風模様のマスクを買った。

　水仙宮市場と神農街を後に民生路を西へ「安平古堡」に向かう。博物館の展示説明によると、安平は1624年オランダによって占領、統治された。台湾をFORMOSA（ポルトガル語で美しい国）と呼んだポルトガルの勢力を駆逐し、安平に防御要塞としてZeelandia城（熱蘭遮城）を築いたのがオランダだった。安平はオランダ東インド会社の貿易活動の拠点として栄えた。しかし、1662年鄭成功によりオランダは駆逐され、解放された熱蘭遮城は「内府」と改められ、その後「王城」と呼ばれたが、要塞は荒廃にまかされ、日本の統治下で

台南市水仙宮市場内の水仙宮と大禹像

再建されたそうだ。現在の安平古堡は1975年に台湾政府が史跡記念館、熱蘭遮城博物館、展望台等を整備し文化的史跡にしている。この日も地域のたくさんの小学校（様々な制服を着ていた）の子どもたちが先生に連れられて社会見学に来ていた。史跡記念館のショップでは木製の台湾地図のジグゾーパズルを売っていた。遊びながら台湾の地図を覚えられる！と即買うことにした。

　ヨーロッパ文化の香りがする「安平古堡」を後にして、私たちはいよいよ台湾最後の昼食へ向かう。台南で100年以上続くという民権路の「再發號」という粽屋。昔ながらの店は間口は狭く開けっ放し。粽と牡蛎のスープをいただくことにする。店の奥では竹の皮を一枚一枚丁寧に広げて伸ばす作業をする人。店先では湯気の上がる蒸籠前で出来具合を見る人等。壁には「こんなにたくさんの人が食べに来ましたよー」と写真が一面に貼ってある。あちこち観察している間に大きな粽が1個入ったお皿が運ばれてきた。中身は鶏肉、キクラゲ、貝柱、栗が糯米の中にぎっしり詰まっていた。

それと牡蛎のスープでお腹はいっぱいになった（1人95元）。

　何もかも有意義で大満足だった研修旅行も、台南から高雄国際空港までの高速道路を走るだけになった。しっかり台湾を覚えておこうと車窓からのバナナ、ドラゴンフルーツの木等が植わった農地、時々檳榔樹の群生や熱帯地方に咲くブーゲンビリヤを見ているうちに午後1時30分高雄国際空港に到着。5日間私達のために安全運転を心がけ、また彼のスマホのグーグル翻訳機能によって何ら言葉の心配もせず快適な研修旅行をサポートしてくださったドライバーの廖さんに感謝と別れを告げ、私達は機上の人となった。（植村　敏子）

左から植村夫妻、案内者の塩川 太郎さん夫妻（中央）、中嶋 奈津子、田中 麦子、大邑 潤三、谷端 郷。台中市神岡区の1935年地震殉難者追悼碑にて（2018年11月11日）

2019年　湖南省の禹王遺跡と岣嶁碑調査

植村 善博

1．はじめに

　2019年4月19日〜20日中国浙江省紹興市を訪問し、各種の行事と禹王会議に出席した。紹興市から発行された『浙江禹跡図』の贈呈式に参加し、すばらしい地図と書籍を拝受、研究水準の高さと実務の迅速さに驚嘆した。翌20日は午前中雨天だったが、大禹陵典礼に参加した。午後は浙江越秀外国語学院にて「大禹文化と現代教育に関する国際サミット」に出席、「日本の禹門建築の特徴と意義」について報告した。ついで、21日から24日まで浙江越秀外国語学院 呉 鑑泙講師の案内により湖南省の禹王遺跡、とくに岣嶁碑を中心に2人で調査した。湖南省は中国で禹王碑として有名な岣嶁碑の発祥地であり、多くの禹王遺跡があるものと考えられる。しかし、これまで日本にほとんど紹介されたことがないことから調査記録を残すことに意味があると思う。

2．湖南省調査の概要

　呉 鑑泙講師とともに4月21日から24日まで湖南省の禹王遺跡を訪問した。まず、飛行機で杭州から長沙まで飛び、長沙南駅から高速鉄道で衡陽市まで南下した。市中にある石鼓書院を訪ね、次いで車で北上して岣嶁峰公園と衡山祝融峰に到達、さらに高鉄で長沙南駅へもどり湖南省博物館と岳麓山の禹王碑を再訪して終了した。

河南省衡陽市・南岳衡山の概観図
河南省地図集（2000）に植村加筆

21日：衡陽市の著名な石鼓書院を訪問、橋上に設置された禹碑亭を調べた。合江亭から雄大な湘江の河岸風景を楽しむことができた。

22日：雨天だったが4WD車をチャーターして北上、岣嶁峰国家森林公園をめざした。1990年代に自然林保護と休養、大禹文化高揚を目的に都市型リゾートとして開発された地域である。そこへ至る道路は舗装されているものの細く曲がりくねっ

衡陽市岣嶁峰国家森林公園入口

岣嶁郷で湖南料理を食す

高度1300mの山頂にある衡山の祝融殿

衡山岣嶁碑岩壁からみる雲海

た田舎道であり、約1時間かけてやっと公園入口に着いた。しかし、観光客の姿はなく奇妙に静寂で入場門だけがいかめしくそびえていた。

　雨のため岣嶁峰（高度1143m）登頂は断念したが、中腹の禹王殿と禹王碑などを見学した。森の中に客を当て込んで建てられた賓館や食堂の建物が使われず荒廃にまかせてある。午後から天気が回復したので岣嶁郷の村を巡って湖南の地方料理を食べた。

　その後、北上して著名な観光と信仰の地・南岳衡山にむかった。門前町から発展して国家一級の観光地に躍進、道沿いには線香などを売る香行店がずらりと並ぶ。厚い信仰と宗教心に感心する。

　案内所で山荘からの迎えの車に乗り換え清閑な民宿に泊まった。この付近は雲峰茶の産地であり、食堂のテーブル上に刈り取ったばかりの新茶葉が盛り上げられている。これを手で選別、蒸しあげた茶葉の手練りの作業にみとれ、京都宇治茶の作業と重ね合わせて見学した。

　衡山とは湖南省中部の南北約400kmに達する山系で、72峰を有するとされる。衡山の中心をなす南岳は聖なる5岳の1つ、山中に佛教寺院が散在する山岳信仰の聖地をなす。高度1300mの最高峰祝融峰には火神を祀る廟が有り、多くの人が目指して登る信仰地である。

23日：朝から雨天、ロープウエーで入山するため長蛇の列に並ぶ。8時半から運転開始というので7時半に行くとすでに1時間待ち。雨と雷雨が激しくなってきたが、私の3人前に来た時、雷で運転中止を宣告され愕然とした。結局、多くの人と一緒にバス乗り場に移動、続々と発車するマイクロバスに乗り込んだ。ヘアピンカーブを警笛を鳴らし続けて猛スピードで駆け上っていく。スリップでもしたらと考えるだけで恐ろしい。約20分で山頂駅に到着、猛烈な雨風でカッパや傘も役に立たない。後から続々と登ってくる人の圧力に押されて約1時間かけて祝融峰に達した。

　火の神を祀る祝融峰の廟内では門前の店で購入した線香を焚く熱心な信者が一心に祈りを捧げている。呉さんもここまで来たのだから、と高い線香を買って祈っていた。ここに登った理由は祝融峰の岩壁に大禹が刻んだという禹王碑の中の禹王碑、岣嶁碑の原点を見るためである。ここには禹王城の石碑があり、山稜の直下につけられた広済寺へいたる山道に沿って、いろいろな禹王遺跡が配置されていることがわかった。下山時間が迫っていたため、全行程を歩くことはできなかったが、白眉の禹王が大岩壁に刻んだとされる岣嶁碑まで達して、その規模の雄大さに呆然。夕刻が迫っていたが晴天となり、雲海が駆け上がってくる雄大な光景は忘れがたい経験となった。下山時にはロープウエーは稼働していたが、下りは霧の中で景色はまるで見えなかった。終着地から車で高鉄衡山西駅まで送ってもらい、18時46分に乗車して長沙南駅にもどってきた。

24日：午前中ホテル前からバスで約1時間かけて湖南省博物館に到着、馬王堆遺跡の出土品を中心とした展示を見学、大いに満足した。

再び、バスで岳麓山に向かう。湘江を地下トンネルで抜け西岸の文教地区を歩いた。湖南大学や師範大学があり学生の町らしい活気がある。広場には1968年建立の巨大な毛沢東像が立っている。彼はここから南西約100kmの韶山の出身、長沙の師範学校に学び、当地の中学校で教え、付属小学校長などを務めた。

午後の目的は1212年に何致が衡山祝融峰の禹王碑を模刻した現存する最古の岣嶁碑とされる岳麓山の禹碑を見ること。有料のバスで高度300mの山頂に上り、軍基地横の細道を下った林のなかにコンクリート保護壁に囲まれた碑を見学する。2013年に研究会メンバーと訪問したことがある。6年後、周りは変わっていないが、碑面が汚れて文字が読みづらくなっていた。下山後、岳麓書院をめぐり地下鉄で長沙南駅にもどった。

3．湖南省の禹王遺跡と岣嶁碑

1）岣嶁碑とは

今回かけ足で湖南省中部の衡陽市と長沙市で4件の禹王遺跡を訪問した。そして、全ての地点で岣嶁碑の存在を確認できた。

ところで岣嶁碑とはなんだろうか？ 岣嶁の原意は山嶺であり、岣嶁峰は山嶺中の鋭峰という程度の意味だろう。南岳の衡山山頂に夏の大禹が治水の際に古く奇妙な文字で岩に刻んだものが岣嶁碑として伝承され、禹碑、神禹銘などとして知られるようになる。これは蝌蚪（かと）または鳥虫篆体（ちょうちゅうてんたい）とよばれる不思議な文字77字により刻まれているという。

日本でも岣嶁碑は3件が知られる。群馬県片品村の大禹皇帝碑とその漢文訳の利根町の禹王之碑、そして宮城県加美町の大禹之碑である。さらに韓国東海岸、三陟市六香山の大韓平水土賛碑も同じ文字からなる。また、沖縄県浦添市の浦添城前の碑文には「神禹登岣嶁峯頭」と記し、岣嶁碑の一種ともいえよう。日本と韓国に岣嶁碑が3件および関連する2件の碑が分布している。これらの碑のもつ歴史的・文化的意味を考えることは東アジア文化交流の重要な課題であるといえよう。

つぎに、曹錦炎氏による岣嶁碑の研究（呉越歴史与考古論叢2007）の概要を紹介しておこう。そもそも、事の起こりは宋の嘉定年間に衡山を訪ねた何致がこの拓本をとって持ち帰り、1212年（嘉定5）岳麓山の岩肌に刻んだとされる。ただし、衡山に古い碑があることは『呉越春秋』（1世紀中頃）に記され、6世紀初頭の『水経注』に「禹王が洪水を治め馬の血で衡山を祭り金簡玉書をえた」との記述が知られている。衡山に後漢や北魏時代に何らかの碑が存在したことは疑いない。

さて、何致の碑はその後忘れ去られていたが、1534年（明嘉靖13）郡守の潘鎰が草むらからこれを再発見し拓本を取った。その後、原碑はふた

中国における岣嶁碑の分布と
建立年代（植村編集）

たび見づらくなったため清 順治年間に新たに再刻されたが、その文字は原文字とは異なったものであるという。また、1536年に雲南省安寧県の楊 慎（学者）は張 素（進士）から岳麓山の拓本を見せられ翻訳した。そして、その内容は大禹が自ら治水事績を記したものであると解釈したのであった。その頃には衡山の原碑はなぜか亡失してしまっていたらしい。以後、大禹顕彰と信仰の高まりとともに、その稀少価値が高く評価されるようになっていく。

とくに、楊は安寧県法華寺鶏嶺壁に模刻し、さらに故郷の四川省成都にも復刻碑を建てた。これが嚆矢となり、以後貴重な碑として南京（1535年）、大理（1536年）、紹興（1541年）、衡陽（1581年）、西安碑林（1666年）、山東省黄県（1673年）、蘭州（1861年）、禹州（2008年）など各地に岣嶁碑が10件以上続々と模刻、建立されていく。

一方、曹 錦炎（2007）はこの文字を検討した結果、中国南部の古代呉・越・楚などで使われた鳥蟲書体であり、石碑は3世紀頃の戦国時代に刻まれて成立したものであろうと推定した。さらに、翻訳した内容は「高山に登り山を祭る際に作った祭祀文」であり、大禹の治水とは無関係なものと結論している。

以上の検討から、
①湖南省衡山に3世紀頃戦国時代に山岳祭祀文として山頂に刻まれた碑文が存在した。

②宋代には碧雲峰に石碑が存在したが、衡山の主峰が岣嶁峰であることから碑は岣嶁碑と呼ばれるようになった。
③この碑は13世紀に何 致により岳麓山岩肌に模刻され、その拓本が楊 慎によって大禹自らが治水の事績を記した内容と解釈された。
④16世紀以降の大禹信仰の高揚とともに貴重な禹王碑として中国各地に10件以上の岣嶁碑が建立された。
⑤韓国と日本には禹王の治水事績を記した貴重な碑文として伝わり、水害の鎮静を願って模刻碑が建てられた。

と整理することができる。

2）訪問地点の観察事項
（1）衡陽市石鼓書院の禹碑亭

市中を流れる湘江と蒸水との合流点に砂岩の孤立した小島がある。この上に宋代4大書院として著名な石鼓書院が位置している。627～650年に石鼓山に合江亭が立てられたのが嚆矢で、802～820年には書院の原形ができたという。1035年に宋の仁宗から石鼓書院の額を下賜され、天下の学問所の一つとしての地位を確立、著名な学者、文人を輩出してきた。しかし、1944年6月日本軍の砲撃により焼き払われた。1965年に公園として整備され2006年に市政府により①勧学②蔵書③祭祀という目的をもって再建され、2007年から一

衡陽市石鼓書院の禹碑亭、右は湘江

石鼓書院禹碑亭の岣嶁碑

般公開されたものである。

　長い歴史を持ちながら、現在の建物などは13年前の新しいものであり、日中戦争による破壊という記憶がのこる。島へ渡る橋廊の中央に一辺約5.6mの方形の立派な禹碑亭がたつ。中央に堂々と設置されているのが岣嶁碑だ。205×146×21cmの輝緑岩製である。南面する碑陽には77文字の蝌蚪体が刻まれているが、極めて新鮮である。これは現代の書家である陳　文質による書であり、非常になめらかな字体になっている。『石鼓書院』（2014）によると、1581年（明万暦9）に副使管大勲が岳麓山の碑をここに模刻したと記す。先の大門をくぐると石鼓、武甲祠、孔子像と大観楼、合江亭などが並んでいる。ここから眺める湘江は大陸の川らしい雄大で遠く来雁塔を望むのどかな景観をもち涼風が気持ちよい。

（2）岣嶁峰森林公園

　森の中にひっそりたつ大きな建物は禹王殿で、中央に金色に輝く大禹が鋤をにぎって立つ像が安置されている。その横の禹王碑に取りついて調べたところ、210×140×10cmの粘板岩の薄い石板で、碑陽に半分欠けた大きな1文字、碑陰にはあの岣嶁碑の蝌蚪体で77文字が刻まれている。これは極めて新鮮なもので復刻と思われる。説明板には衡陽県級文物保護単位で1991年公布、2001年立とある。ここを管理する老婦人王　品玉さんは13年間も1人で住んでおり、いろいろ世話を焼いてくれた。

　重建記によると、漢代に大禹を顕彰して建てら

れた長い歴史をもち以前は多くの参詣者が訪れたという。1944年に日本軍の空襲によって破壊された。1993年から国家森林公園の開発にあわせて社会各層の援助協力により禹王殿が再建された。高さ14.8m、面積500㎡のコンクリート製で80万元を要したという。その後、王さんの案内で斜面にある2つの遺跡にたどり着いた。

　まず、禹居は斜面に崩落してきた粘板岩の巨石が折り重なってできた空洞で、入口幅1m奥行き3mほどの凹みを作っている。ここが治水に没頭した禹王が住んだ場所で、終了後に金簡玉牒をここに埋めて隠したという。王さんは線香をたて、願いを唱えれば叶うと教えてくれた。ついで、その上方にある禹床に案内された。やはり、斜面に崩落してきた280×120cmの粘板岩の大塊があり、上面にベッドのような凹みができており横たわると気持ち良さそうである。神が寝起きした床だというので、頭の部分に神龍の姿が刻まれており、丁寧に禹王床と彫ってある。

（3）南岳衡山の禹王城遺跡

　名山五岳のなかでの長というべき山岳信仰の中心地・衡山は南北約400kmに連なる72峰から構成される大きな山地をなす。全体が衡陽市域に属する。前の岣嶁峰森林公園はその南端にあたり、中央部は南岳とよばれ山頂や山腹に寺や書院が点在する仏教信仰と学問の場所を形成している。1212年の何致が写しとった岣嶁碑は碧雲峰にあったといわれ、かなり以前に亡失してしまったとされる。

岣嶁峰森林公園の禹王殿

岣嶁峰森林公園の岣嶁碑

祝融峰下の花崗岩に刻んだ岣嶁碑文

花崗岩磨崖に刻まれた岣嶁碑の文字

　今回、高度1300mの祝融峰まで登頂した結果、①全体が中生代の花崗岩から構成され、②亜熱帯常緑樹林の上限付近で冬季は積雪をみる、③多雨で気象、天候の変化の激しい環境、が理解できた。

　碧雲峰の正確な位置は不明だが、祝融峰から広済寺へいたる山頂の細い道に沿う地区が禹王城と呼ばれており、その道沿いに禹王にまつわる古吹台、禹碑、禹洞、禹渓、文命橋などの記念物が配置されているのだ。

　ここの白眉はなんといっても、岩壁に刻まれた岣嶁碑文であろう。祝融峰の入口から小1時間で大きな花崗岩壁が現れる。禹碑と呼ぶものは北東に面し約60度の急傾斜をなす岩肌に、縦15×12mほどの面に77文字が刻まれていた。自然の風化面に直接、径30cmほどの大きな文字が刻まれた磨崖碑、正確には岩壁碑というべきであろう。この岩壁は花崗岩特有の玉葱状風化で現れた面であり、山頂付近のきびしい気候環境で風化作用が激しいことが予想される。祝融峰から北の終着点で禹王城と記す石碑（竜山道人刻）が立つ広済寺まで、徒歩片道約3時間の禹王ツアーができるように配慮されているのだろう。禹碑の説明文によると、1986年に千数万元の資金により刻字したとあり、禹王城全体は1980年代に整備されたものと推定される。

(4) 長沙市岳麓山の禹王碑

　岣嶁碑は発祥地というべき衡山のものが消滅しているので、何致が1212年（嘉定5）に岳麓山の岩肌に刻んだというこの碑が現存する最古のも

のだ。そして、この拓本を元に中国各地に10件以上の復刻碑が建てられたのだから貴重である。

　岳麓山は市街地から湘江を西へ渡った岳麓書院の裏山にあり、高度約300mの森林におおわれた史蹟が点在する文化公園となっている。軍基地横の禹王碑の標識から右に折れた森にコンクリート製の素朴な碑亭があり、その中に岣嶁碑が保護されている。ここには堆積岩に貫入した細粒花崗岩が現れており、この節理面を利用した北東向きの岩肌に77文字の蝌蚪体が字径17cmで刻字されている。135×115cmのどっしりした碑で、上に貼り付けられた新たな碑額に「禹碑中華民国廿四年六月重建碑亭周翰勒石」と記す。1212年の刻碑後、1551年に張西銘が碑亭を建て、1630年石垣で碑を囲って南北に門を設置、1935年に周翰が碑亭を再建し別の花崗岩に碑額を刻んで貼り付けている（『湖南文物概覧』2004）。碑の左側には劉汝南の神禹碑歌を刻む岩塊、右側は大観、陳興の虞夏遺風の題が刻まれた岩がある。古くから著名な碑であったのだろう。この碑は岳麓書院の中心軸の延長上にのっているといわれる。

3. 考察

　以上、湖南省で岣嶁碑をもつ4カ所の禹王遺跡を見学できたことは幸運であった。駆け足の訪問者に考察の資格はない。しかし、訪問を通じて考えたことを書き留めておくことは無駄ではないだろう。

　1）岣嶁碑はその起源や意味はさておき、岳麓山に再刻されてから約300年間忘れ去られた後、明

岳麓山の禹碑と説明板

代 16 世紀中頃に大禹が治水事績を珍しい文字に
よって刻んだ貴重なものと信じられ評価が高まっ
た。そして、中国各地に 10 件以上の復刻碑が次々
に建てられていく。16 世紀中頃に禹王と岣嶁碑が
ブームのように顕彰される背景には夏王朝の大禹
を含む中華文化の復権、再評価といった要因があっ
たのだろう。

　復刻碑は治水英雄としての禹王と蝌蚪体の古代
文字からなる碑として評価され、各地に建てられ
た。その碑の分布からは黄河や長江に面して水害
に苦しめられた都市において受容されたことが明
瞭に読み取れる。治水祈願と大禹信仰が強く結び
ついて信仰されているとみてよいだろう。

　一方、祝融峰の禹王城は 1980 年代、岣嶁峰森
林公園では 1991 年頃、石鼓書院では 2006 年と
現代において続々と岣嶁碑などの建立がつづいて
いる。これらは禹王崇拝とともに観光資源として
位置づけられている点もみのがせない。湖南省衡
陽・長沙地区にはまぼろしの原碑・衡山岣嶁碑に
関連する遺跡が集中し、岣嶁碑文化の中核地域を
形成しているといえる。これは紹興市に位置する
多数の禹王遺跡が、禹王の墓所であり、越王勾践
がその正統性を禹王と夏王朝のつながりに求めた
ことに起因するのと事情は大きく異なるといえよ
う。また、禹王の出生地とされる四川省汶川およ
び北川姜族地区、禹都が置かれたという登封市、
生誕伝説をもつ禹州市、治水伝説をもつ禹城市な
どいわゆる禹跡の地に禹王遺跡の集中地区が存在
する。湖南省の岣嶁碑を中心とする文化をどのよ

岳麓山の岣嶁碑文（2013 年撮影）

うに位置づけるかは今後の大切な課題であろう。
　2）　朝鮮半島では李氏朝鮮時代の 1661 年に許
穆が東海岸に大韓平水土賛碑を建て、琉球王国で
は尚寧期の 1597 年に国王顕彰碑文に岣嶁峰の故
事が引用される。前者は清初期、後者は明末期に
あたり、いずれも冊封朝貢関係をもつ中国の強い
影響下にあった国である。中国に於ける大禹顕彰
の影響が波及したと考えてよいだろう。日本の加
美町大禹之碑は 1862 年の幕末期、片品村大禹皇
帝碑は 1874 年の明治維新直後に建設された。両
者は水害除災を祈願する治水信仰として建てられ
たもので、幕末期に治水が軽視され水害が多発す
る時期にあたる。しかし、いかなる経緯で岣嶁碑
が建立されたのかの解明は今後の課題である。

　3）　日本では岣嶁碑のように子や孫にあたる系統
をもつ碑は少ない。唯一、高松市の大禹謨碑がこ
れに相当するかもしれない。すなわち、1637 年香
東川の 1 本化後に西嶋 八兵衛が堤防に手書き文字
の大禹謨を刻んだとされる。同名の大禹謨の碑が
広島市（1972 年）、由利本荘市矢島町（2001 年）、
伊賀市上野（2004 年）の 3 カ所に建てられている。
これらはいずれも現代に復刻されたもので、前か

ら順に治水祈願、友好シンボル、墓所の顕彰とそれぞれ目的を異にする。著名な碑は時代とともにその意味と価値が変化していく。そして、新たな存在意義が付加され活用されている事例として注目される。

4）　石鼓書院と岣嶁峰森林公園では日本軍による破壊という衝撃的な事実を突きつけられた。はじめて湖南省という内陸部での戦闘と破壊の爪痕を思う瞬間であった。長沙・衡陽は南部の広州・香港と武漢、鄭州、北京とを結ぶ重要な陸路や京広鉄道の幹線が通じており、戦略的にも重要なルートと考えられる。このため激しい戦闘があったと推定できる。しかし、破壊された遺跡が地元の力によって復元されてまだ20〜30年しか経っていない。戦後の半世紀間にわたり破壊されたままであったことに心が痛む。日中の交流史の暗い部分も正視しなければならない。

5）　湖南省ではかなり地方にある碑でも屋根架けした碑亭により保護されている。岳麓山では16世紀に碑亭が作られたといい、現在はコンクリート製ではあるがほぼ完全に保護されている。これに対して、日本の禹王碑はほとんど野ざらしで風

宮城県加美町の大禹之碑（岣嶁碑）
紙に覆われた拓本の作業中（2013年9月）

開封市禹王廟の岣嶁碑拓本（2011年10月）

雨にさらされたまま放置されている。また、破損したものも多く、碑について説明板を設置しているものは稀である。日本の禹王碑が文化財、災害遺産として重要な価値をもつものだという認識を高める普及活動が望まれる。

禹王碑をとりまく環境は良好とはいえず風化、破損、亡失の危険にさらされたままである。恒久的な保存が必要である。湖南省の遺跡では石碑の保存と評価がよくなされていて感心した。教訓として、日本で屋根架けや説明板の設置などの保護と啓蒙の推進、対策を考える必要性を痛感させられた。

謝辞
　今回の調査旅行は浙江越秀外国語学院の呉 鑑萍さんの案内と丁寧な対応により楽しく有意義なものになりました。また、越秀外国語学院院長劉教授はじめ学院の関係者、鑑湖研究会邱 栄志会長のご好意と支援により旅行が可能になりました。心よりお礼申し上げます。

参考文献：
一 方（2006）『至盛岳麓』中国档案出版社、p136
曹 錦炎（2007）『呉越歴史与考古論集』文物出版社、p217
周 曙光（2014）『呉越歴史与考古論集』における岣嶁碑の研究、「治水神・禹王研究会誌」創刊号、p39〜p47
郭 建衡・郭 幸君（2014）『石鼓書院』湖南人民出版社、p248

治水神・禹王研究会誌

創 刊 号

2014年4月1日

治水神・禹王研究会

2014年4月1日発行の『治水神・禹王研究会誌』

『治水神・禹王研究会誌』のこれまで

関口 康弘

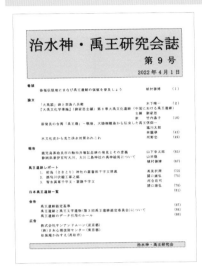

『治水神・禹王研究会誌』は2014年（平成26）4月1日に創刊されました。以来毎年4月に刊行され、2022年4月には9号を数えました。本誌は、治水神・禹王に関するその年の最新の研究成果を論文または報告として記載、また新たに発見された禹王遺跡をレポートにまとめて記載するとともに、これまでに明らかになった禹王遺跡一覧を提示、あるいは禹王研究でその年の話題になった出来事や、全国サミットの報告と予告などを記事としてきました。そして号を経るにつれて中国研究者との交流記や中国の禹王研究論文が紹介されるようになりました。このようなことから『治水神・禹王研究会誌』は治水神・禹王研究会のいわば「年報」のような位置にあるといえましょう。

『会誌』の発行がここまで続けてこられたのは多数の執筆者の方々の支えがあったからです。編集担当から皆さまへ、深く感謝申し上げます。今後とも、会員諸氏の投稿をお待ちいたしております。これとともに広告掲載にご協力いただいている各社に御礼を申し上げます。とくに松風庵かねすえさんは創刊号から途切れることなくご支援をいただき、会にとってなくてはならぬ存在であります。以下に、各号の内容と執筆者を掲載いたします。

創刊号　2014年4月1日発行

巻頭図版　　広島「大禹謨」碑	
論文　禹王(文命)遺跡の語る日本と中国の文化交流史	大脇 良夫
京都御所「大禹戒酒防微図」の日本伝来の脈絡を垣間見る	王 敏
治水神・禹王崇拝の広がり	水谷 容子
動向　2014年 広島禹王サミット開催	福谷 昭二
報告　佐東地区まちづくり協議会設立25周年記念式典	髙橋 恒治
中国、湖南・湖北・河南禹王遺跡の旅	植村 善博
『呉越歴史与考古論集』における岣嶁碑の研究	周 曙光
日本禹王遺跡一覧	事務局
禹王遺跡レポート	
1．潮音洞記念碑(山口県)	浅田 京子
2．加治川治水碑(新潟県)	木谷 幹一
3．高須堤防築堤回向碑(茨城県)	木谷 幹一
4．新居郡大町村用水加茂川釜之口の石ふみ(愛媛県)	木谷 幹一
5．大禹謨(秋田県)	植村 善博
6．大禹之碑(宮城県)	植村 善博
7．幸田露伴文学碑(東京都)	佐久間 俊治
紹介　禹王(文命)に関する文献紹介	事務局
書評　『治水神・禹王をたずねる旅』	関口 康弘

第 5 号　2018 年 4 月 1 日

禹王遺跡の認定基準について

2015 年 4 月 5 日　治水神・禹王研究会事務局

　大脇良夫・植村善博編著（2013）『治水神禹王をたずねる旅』において、①禹王遺跡の定義をおこない、②それらの分布や特徴を同一基準で記載した。そして③北海道・東北地方の A から九州・沖縄地方の F まで A 〜 F の 6 地域に分けたうえで遺跡に統一的な番号を与え、新たな遺跡の増加にも対応できるよう工夫した。出版時の 2013 年 6 月までに 57 件の遺跡が認定、報告されている。

　その後、新たな遺跡の発見が増え続け、2015 年 2 月末には 91 件が報告されている（『研究会誌』第 2 号を参照）。しかし、これら新たな遺跡については情報や資料に精粗がみられ、また現地確認や調査がなされていない事例も存在する。今後も新たな発見が予想される状況下、厳密な検討により禹王遺跡を認定する仕組みを作る必要があると考えられる。そこで以下のような認定手続きを提案したい。

　1）会長・副会長および事務局員など数名からなる禹王遺跡認定委員会を設置する。

　2）新たな禹王遺跡は原則として研究大会において報告し、その内容を研究会誌に投稿するものとする。認定委員会は投稿された原稿を査読し、適切と認めた場合は会誌に掲載する。また、会誌や会報への投稿のみの場合も適正と判断された場合は掲載し、認定することがある。

　3）遺跡の認定には現地調査および文献調査がおこなわれており、かつ 4）に示す要件が満たされていることが必要である。

　4）遺跡の認定要件として、以下の①〜⑧の項目が記述されていなければならない。

　　①名称、水系名、所在地（できるだけ詳しく）

　　②サイズ（cm）：高さ・幅・厚さ、素材・岩質名

　　③刻字：禹王にかかわる文字または文（漢文の場合は読み下し文をつける）

　　④建立年と建立者：西暦（和暦）年月日、建立者名、また篆額や撰文の人物名

　　⑤説明文：遺跡に関わる地域や河川、治水などの特徴、建立の時代的背景と要因、現状

　　⑥2 万 5 千分 1 地形図 (図幅名) に遺跡の位置を記入する

　　⑦アクセス：遺跡への最も便利な交通手段

　　⑧参考文献：主要なもの 2 〜 3 点、書名（論文名）・著者・出版社（雑誌名と巻号）・発行年、ページの順に記載する。

　5）以上の要件を満たした遺跡に関する原稿が認定委員会により妥当と判断された場合、投稿順を考慮して遺跡番号を決定する。

　6）なお、厳密には遺跡と呼べないが、地名、寺名、詩文や文学作品などの禹王関係する情報もできるかぎり収集する。これらについて新たに発見した場合は認定委員会に通知していただきたい。内容に応じて会報や会誌に紹介していくものとする。

　以上の内容は 2015 年 4 月 6 日以降に適用する。

禹王遺跡のデータ引用のルールについて

2015 年 4 月 5 日　治水神・禹王研究会事務局

　治水神・禹王研究会の発行物（『治水神禹王をたずねる旅』・研究会誌・会報など）に記載された禹王遺跡とそれに関連する情報（論文や報告など）は日本において初めて明らかにされた資料的価値の高いものが多い。これらの論文や報告などは出版された時点で著作権が著者から研究会へ委譲されたものと考えられる。そして、これらは研究会および会員の貴重な財産であり（著作財産権）、その価値とオリジナリテイを保護するためにそれらを引用、利用する場合のルールを決めておく必要がある。

著作権についてはいろいろな考え方があるが、これらを引用、利用される際には次のようなルールに従っていただきたい。

1) 『治水神禹王をたずねる旅』、治水神・禹王研究会誌、同会報など本研究会の発行物に記載された論文や報告などが対象となる。

2) 出版物の内容は引用、利用することが権利として認められている。ただし、引用、利用する場合には原著者の意図や主旨を正しく理解し、その出典の著者名と引用箇所などを正確に明示しなければならない。

3) 出版物の内容を一部または全部を転載する場合は事務局に届け出て、承認を得ること。

4) 地図や資料表などを新たに改変、資料追加、再編集する場合は事務局に届け出て、承認を得ること。

5) 未公表資料（研究発表の内容、配布資料、個人が作成した資料やデータ）は基本的に引用することはできない。これらの引用、利用を希望する場合は著作権を有する当事者に直接連絡し、承諾をえること。

以上の内容は 2015 年 4 月 6 日以降に適用する。

禹王遺跡認定委員会設置について

2015 年 11 月 1 日　治水神・禹王研究会事務局

1. 委員会の目的：新たに情報提供される禹王に関する遺跡について認定基準に適合しているかを判断することを目的とする。

2．審査会の委員構成（2022 年 4 月 1 日現在）

　　　　　　　　委員長：植村 善博

　　　　　　　　委　員：大脇 良夫　　飯塚 隆藤　　関口 康弘　　水谷 容子

　　　　　　　　事務局：竹内 晶子

3．発足日　　　　　　2015 年 11 月 1 日

4．期限と任免　　　　特に定めない。　　治水神・禹王研究会会長が任免する。

禹王遺跡と禹王文字遺物について

2016 年 6 月 12 日　治水神・禹王研究会事務局

　2016（平成 28）年 6 月 12 日午後、神奈川県開成町の町民センターにて第 3 回禹王遺跡認定委員会が開催された。委員会での検討事項、①は、第 3 回研究大会での伊藤修会員報告の遺跡 (日本禹王遺跡一覧 C-27、C-28、C-29、通番 66 〜 68)、『会誌』3 号での植村 善博副会長報告の遺跡 (C-30、E-8、通番 69、92) の認定。②は『会誌』3 号で古賀 邦雄会員報告の遺跡である。現在は所在不明だが、過去に存在していたことを示す確実な資料があるので認定した (F-9、通番 101)。③は『会誌』3 号で竹林 征三会員報告の遺跡である。これについては議論をした。「書籍や書については今後も多数の事例が発見される可能性があり、遺跡として認定するのは慎重を期すべきである」「しかし刊本ではない実物が存在し極めてオリジナリティが高いもので、かつそのものがどのような背景をもって成立したのかが解明できれば何らかの形で記載をすべき」等の意見により、新たな区分「禹王文字遺物」として記載・登録するという結論となった。前回の第 2 回認定委員会での「禹王地名」カテゴリーに続いての新分類である。

治水神・禹王研究会誌　投稿規定

2020 年 11 月 4 日

本研究会では『治水神・禹王研究会誌』（年 1 回 3 月末〜4 月中旬発行）の原稿を募集しております。会員の方でしたらどなたでも投稿いただけます。以下の規定に従ってご投稿ください。

1）原稿の種類と文量

1．論　文	400 字詰原稿用紙 20 〜 60 枚（8000 〜 24000 字）。	

                          図・表・註を含む（多数の場合は制限させていただく場合もあります）。

                          なお写真・図版等の掲載・転載許可は、執筆者の責任でお取りください。

  2．報告・動向・紹介　同 5 〜 20 枚（2000 〜 8000 字程度（図・表・註を含む）。

                          ただし禹王遺跡レポートは、図・表・地図を含めて同 6 枚（2400 字）程度におまとめください。

  3．書評・新刊案内　同 5 〜 10 枚（2000 〜 4000 字）

  4．告　知　同 5 枚（2000 字）程度

2）上の 1 および 2 の原稿は未公表のもので、かつ本会会員に限ります (編集担当から原稿依頼の場合はこの限りではありません)。また、他誌へ同時に投稿することはご遠慮ください。投稿の際には、投稿原稿の種類を明記してください。註記は末尾にまとめて、通し番号で (1)、(2)･･･ というように付してください。図・表などは、大まかな掲載位置を指示しておいてください。

3）原稿は横書とし、完成原稿でお願いいたします。なお、デジタル原稿の場合、次のようにお願いいたします。

  ①　文章は Word ソフトでお願いいたします。

  ②　横書き A 4 版、43 字× 43 行に設定し、MS 明朝 10.5 ポイント活字を使用する。

  ③　図や表は Word 原稿に張りつけるのではなく、各々 JPEG ファイルでお送りください。

  ④　なるべく表や図を入れた完成原稿を PDF 版でお送りいただけると、編集時に割り付けが助かりますので、なるべくご協力をお願いいたします。

4）投稿原稿の転載にあたっては必ず本会の承認を得てください。

5）投稿の申込期限　12 月末日

    原稿の送付　　　翌年 1 月末

6）原稿送付先

   〒 250-0117

   神奈川県南足柄市塚原 2624　　『治水神・禹王研究会誌』編集担当　　関口 康弘

   メールアドレス　：yasihiro58157@watch.ocn.ne.jp

「治水のもとは治山である」と唱え、我が国の森林法制定に寄与し大垣輪中の治水功労者であった金森 吉次郎は大垣城の石垣礎石に「明治二十九年（1896年）大洪水點」を刻み、後世に水害の教訓を残した

2021 年　治水神・禹王研究会アンケート調査の結果とまとめ

谷端 郷・大邑 潤三

　創立 10 周年を迎えるにあたり、会員の動向や意見、研究会の活動と内容について把握し今後の運営に役立てるためアンケート調査をおこないました。2021 年 9 月 21 日発行の治水神・禹王研究会報第 20 号に質問事項を印刷したハガキを同封し返送していただき、メール配信の方にはメールにより回答していただきました。その結果を整理し報告します。

1）回答数・回収率（会員数 126 人）

　このアンケートの回答数はハガキ 35 件、メール 10 件の合計 45 件で回答率 35.7％であった。通常のアンケートの回収率よりも高いが、もう少し多くの会員に回答してもらえるような工夫が必要であった。

2）住所

　回答者の居住地は、豊富な禹王遺跡のある神奈川 15 件（34.1％）と非常に多い。このほか、現事務局のある京都を中心に大阪や兵庫といった近畿地方、さらに群馬や岐阜、香川、広島といった禹王サミットの開催地（または開催が計画された地域）から複数名の回答を得た。

3）年齢

　回答者の年齢は 60 代 10 件（22.2％）、70 代 18 件（40.0％）、80 代 12 件（26.7％）と 60 代以上が 9 割近くを占めた。回答者が高齢者に著しく偏っているが、おおむね会員の年齢構成と対応していると思われる。

4）入会年

　回答者の入会年をみると、当会の設立年にあたる 2013 年が 12 件（37.5％）と最も多い。また、2017 年までの最初の 5 年間に入会された方が全回答者の 8 割近く（78.1％）を占める。これは、最近数年の新規入会者数が少ないことと対応していると思われる。

5）入会理由

　入会理由で最も多いのが「会員の紹介」17 件（40.5％）で、ついで「禹王に関心ある」14 件（33.3％）、「歴史興味」5 件（11.9％）、「治水」4 件（9.5％）、「サミットの時」2 件（4.8％）が続いた。会員同士の個人的

2）住所（N=44）

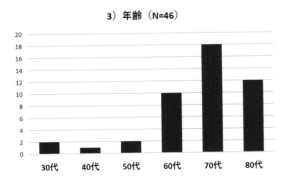

3）年齢（N=46）

4）入会年（N=32）

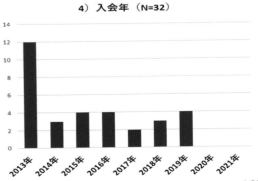

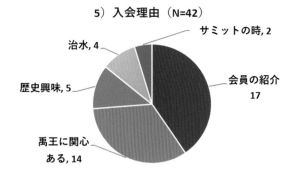

5）入会理由（N=42）

- サミットの時, 2
- 治水, 4
- 歴史興味, 5
- 禹王に関心ある, 14
- 会員の紹介 17

なつながりのほか、禹王への興味・関心を理由に入会された方も多かった。一方、「歴史興味」や「治水」を理由に入会された方は少なかった。

2018年立命館大学歴史都市防災研究所で開催された「災害文化遺産 日本禹王遺跡と治水神・禹王信仰展」の報告論文（大邑・片山・谷端 2018）によると、見学者へのアンケートの分析などを通じて、禹王遺跡は防災や地域活性化の面で利用価値が高いことが見出されている。このことから、防災や地域活性化の担い手である地域の防災関係者や教育関係者、まちづくりイベント（とくに地域の歴史遺産を活用した活動）を実施しているような関係者に対して、治水神や災害文化遺産としての禹王を周知していく活動がさらに求められよう。

6）総会参加回数

年に1度開催される総会への参加回数をみると、最も多いのが3回（10件、22.2％）で、全9回出席されたのは5件（11.1％）であった。全体の平均は3.6回であり、3回に1回の頻度で参加する向きが多いようである。総会は毎年開催地を変えていることから、開催地へのアクセスのしやすさに加え、講演会等関連イベントの内容などを見て参加の可否が決められているのかもしれない。また、質問項目9）で総会のZoom配信が必要との意見が多かったことを加味すると、今後、通常の開催にオンライン開催も併用すると会員の参加頻度がより高まるかもしれない。

7）会報配布希望

年3回発行の会報をどのような形態で配布するのが望ましいかを問うたところ、紙のみが13件（36.1％）、ネットのみが5件（13.9％）、紙とネットの両方が18件（50.0％）であった。紙での配布のニーズは依然として高いものの、Webを利用した会報配信が必要との意見も約64％が持っていることから、研究会HPに掲載されている会報データにメーリングリストなどを通じて積極的に誘導するような方策も必要かもしれない。

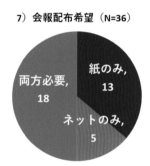

7）会報配布希望（N=36）

- 両方必要, 18
- 紙のみ, 13
- ネットのみ, 5

8）HPを見ているか

研究会HPを見ているかを尋ねたところ、「見ている」が22件（52.4％）、見ていないが20件（47.6％）と二分された。HPの閲覧者数を増やすためには、HPの存在自体の周知徹底に加え、HPを通じた情報発信の頻度を高める努力も必要かもしれない。また、メーリングリストを作成し、HP更新時などに会員にメールを送信してHPに誘導するような方策も必要であろう。

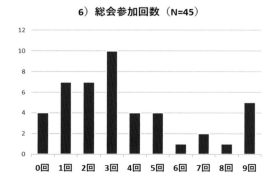

6）総会参加回数（N=45）

8）HPを見ているか（N=42）

見ていない、20
見ている、22

9）総会のZoom配信は必要か

　総会のZoom配信の必要性を問うたところ、30件（75.0％）が「必要」、10件（25.0％）が「不要」と回答した。必要と回答する者が非常に多いのは、コロナ禍における代替措置として必要といった消極的な理由に加え、遠隔地でも参加可能といった積極的な面も評価されたためではないだろうか。

9）Zoom配信必要か（総会）（N=40）

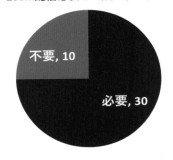

不要、10
必要、30

10）会の活動について

　会の活動について「満足」が36件（87.8％）、「不満」が0件（0.0％）、「その他」が5件（12.2％）であった。当会の活動について、不満はなくおおむね満足していただいていることから、当会が10年間続けてきた活動、すなわち会報・会誌の発行、総会や禹王サミットの開催を今後も続けていくことが望まれよう。また、新規入会者を今後も増やしていくには、とくに少ない若年層が魅力を感じる新たな活動に取り組む必要もあるだろう。

まとめとお願い

植村　善博

アンケート調査に協力ありがとうございました

　回答率36％は少しさみしい気分です。会員の皆さんには治水神・禹王研究会会員であるとの自覚を持っていただきたいと思います。

　予想されたことですが、会員の高齢化は著しく、80才代27％、70才代40％、60才代22％です。60才以上の世代が9割を占めています。おおくのベテランとともに、若い世代の入会者を増やしたいものです。入会の理由として会員紹介が4割を占めていることから、会員からお近くのご友人などに積極的に本会の紹介、入会勧誘をお願いできないでしょうか。また、本会のホームページをご覧になっていない方が半分を占めています。これは驚きでした。内容の充実と更新に取り組みますので、是非、研究会ホームページから最新のお知らせや情報をご覧ください。

https://sites.google.com/view/uo-kenkyukai/

　以上の調査結果は大切に利用させていただき、今後の活動を充実させてまいります。今後ともご支援の程よろしくお願い申し上げます。

植村 善博会長のもと新たな時代へ！

（初代会長 大脇良夫さんから、植村善博さんへバトンタッチする際の会長退任挨拶）

（『治水神・禹王研究会誌』第6号巻頭を改訂） 2019年3月末日 大脇 良夫

1. 禹王（文命）研究の発端・初心

2006年9月。郷土史研究の民間グループ「足柄の歴史再発見クラブ」初代会長として活動中、神奈川県、酒匂川大口土手に建つ「文命東堤碑」（田中 丘隅原文、荻生 徂徠推敲の中国漢文）に心ゆさぶられた。①神禹の治水故事とは何か、②京都鴨川の禹廟はどこにあったのか、③文命とは−次々と疑問が浮かぶ。これらへの初期研究成果を私家本『酒匂川の治水神を考える』にまとめ2007年4月「小田原史談会」総会で講演、「酒匂川の治水神・文命は、京都・鴨川そして中国・黄河を結ぶ文化とロマンの架け橋。どんなゴールが待ち受けているのか！ 一緒に突きとめましょう」と結んだ。

2. 禹王サミット開催へ

2008年〜2009年当時、禹王碑存在確認済みの各地を訪問し、地元研究者とひざ詰めで交流した。遺跡数が18に達した2010年11月27、28日、神奈川県開成町で第1回禹王サミト開催に至った。①利根川（宮田氏）②酒匂川（佐久間氏）③富士川（原田氏）④淀川（藤井氏）⑤香東川（北原氏）⑥太田川（福谷氏）⑦臼杵川（菊田氏）の7地区代表による「我が町の禹王紹介」が目玉だった。この模様は、当日夜のＮＨＫ・ＴＶニュース（関東地区）で取上げられ話題となった。〜中略〜

3. 禹王研究会の誕生

サミット開催は禹王への関心度、知名度を上げていくが、最大の産物は会員による禹王研究意欲の高まりである。牽引者は当時、佛教大学教授の植村 善博（現・同大名誉教授）氏である。植村氏は、2011、2012年京都での「全国禹王研究者集会」開催の便宜を提供するとともに、禹王研究の方向性を示唆し、やがて我が国初の本格的な禹王研究書の発刊に導いていく。

2013年6月末、こうして『治水神禹王をたずねる旅』（人文書院）が誕生する。発刊間もない同年7月6、7日開催中の高松（香東川）サミット懇親会の席上、私は「治水神・禹王研究会」の立上げを呼びかけた。その場で約60名の賛同が得られた。高松の熱い夜だった。会の正式発足日は2013年10月1日で会員数69人、禹王遺跡数は57、会の本部は神奈川県開成町においた。

4. 禹王研究会の発展

以降、毎年4月に「総会・研究大会」の実施と『研究会誌』を発刊、研究の質的充実に注力した。

5. 夢の続き「植村会長さんよろしくお願いいたします」

文命（禹王）と出会ったのは、病妻に先立たれて2カ月後の2006年9月で64歳でした。夢を文命に託し14年、体力、気力に聊か衰えを感じるようになりました。私は、自分自身をかねがね運の良い男だと自負していますが、禹王に関わり個性豊かな会員の皆さまと出会えたのは最高の幸運でありました。〜中略〜 会長在任中、頂きました皆様からのご指導ご支援に深く感謝申し上げます。最後に、私を終始支えて頂いた事務局各位（浅田事務局長、関口編集長、関口明美氏、小宮氏）のご労苦を特記して退任の言葉とさせて頂きます。

資料1　治水神・禹王研究会　年表

西暦	研究活動	出版活動	会員数	遺跡数
2006	1月足柄の歴史再発見クラブ発足 10月神社明細帳により文命社の祭神が夏禹王であることを確認 11月（〜2007年2月）京都鴨川の禹王を京都土木事務所および鴨川を美しくする会と調査			
2007	8月16日王 敏法政大学教授、何 徳功新華通信社記者、張 煥利新華社世界問題研究センター研究員と足柄の歴史再発見クラブが、治水神禹王と地元文命遺跡について意見交換	3月富士山と酒匂川 4月酒匂川の治水神を考える		
2008	1月京都の禹王廟について3教授（瀬田 勝哉・山田 邦和・川嶋 将生）に質問状を発送 9月16日大脇の案内で植村・大邑が酒匂川を見学			
2009	再発見クラブが禹王調査旅行 　4月甲府・富士川 　8月高松・臼杵・島本・京都 　11月広島・大阪方面 　12月片品村 全国の禹王関係者の意見を集約し、禹王サミットの開催を露木開成町長と確認	10月福澤神社創建合祀百年社殿移築完成記念誌		
2010	2月21日淀川巡検(大脇・井上・藤井・桝永・植村) 11月27〜28日第1回禹王サミットを開成町で開催	11月禹王（文命）を探る資料集		18件
2011	3月13日第1回全国禹王研究者集会を佛教大学で開催、22名参加 7月9〜10日大禹謨講演会　高松市栗林公園 10月26日〜11月2日第1回黄河と禹王の治水伝説を訪ねる旅（18名）	10月酒匂川とかすみ堤		
2012	3月17日第2回全国禹王研究者集会を佛教大学で開催、35名参加 4月11日〜18日第2回黄河と禹王の治水伝説を訪ねる旅（10名）	2月水の文化40号で大禹の治水を特集		22件

西暦	研究活動	出版活動	会員数	遺跡数
2012	10月20〜21日第2回禹王サミットを片品村で開催	10月禹王サミット in 尾瀬かたしな資料集		
2013	3月16日第3回全国禹王研究者集会（10名）を佛教大学で開催 7月6〜7日第3回禹王サミットを高松市で開催 7月6日夜の懇親会で治水神・禹王研究会の創立を宣言、会長に大脇 良夫を選任、事務局を開成町に置く、浅田事務局長 10月21日〜26日第3回禹王治水伝説の旅（13名）	7月6日『大禹謨再発見』北原 峰樹・岡部 澄子共著 7月7日『治水神禹王をたずねる旅』を人文書院から出版 10月1日治水神・禹王研究会会報創刊号発行 10月禹王治水伝説の旅巡検資料集 11月禹王サミット in 讃岐・高松報告書	69名 （発足時）	57件
2014	3月15日第1回治水神・禹王研究会総会研究大会（40名）を佛教大学で開催、王 敏氏講演 8月広島県で豪雨による大水害発生、安佐南区で深刻な被害 10月18〜19日第4回禹王サミット広島は災害のため中止、報告書作成	4月治水神・禹王研究会誌創刊号発行 8月1日治水神・禹王研究会会報第2号 9月13日治水神・禹王研究会会報第3号 10月禹王サミット in 広島報告書 12月NHK出版より『禹王と日本人』王 敏著		63件 84件
2015	4月5日第2回治水神・禹王研究会総会研究大会（59名）岡村 秀典氏講演 佛教大学 5月9〜10日東アジア文化交渉学会を開成町で開催、大脇氏基調講演 9月12〜13日第5回禹王サミットを臼杵市で開催 11月1日禹王遺跡認定委員会設置、第1回同委員会を佛教大学で開催	4月治水神・禹王研究会誌第2号刊行 5月東アジア文化交渉学会 in 開成資料集 7月20日治水神・禹王研究会会報第4号 9月12日『平田 三郎の生涯』北原峰樹著 禹王サミット in 臼杵報告書	111名	91件
2016	4月17日第3回治水神・禹王研究会総会研究大会（45名）藤田 明良氏講演 佛教大学 6月12日酒匂川禹王遺跡と東西禹廟比較の巡検（大脇、関口夫妻、浅田、植村）	4月治水神・禹王研究会誌第3号刊行 8月10日治水神・禹王研究会会報第5号	125名	97件
2017	3月26日第4回治水神・禹王研究会総会研究大会（61名）山田 邦和氏講演 佛教大学	1月10日治水神・禹王研究会会報第6号 4月治水神・禹王研究会誌第4号刊行	133名	107件

西暦	研究活動	出版活動	会員数	遺跡数
2017	7月立命館大学歴史都市防災シンポジウムで大脇・関口・植村が禹王遺跡と文命文化を発表 10月7〜8日第6回禹王サミットを富士川町で開催。中国の禹跡行訪日団8名がサミットに参加、邱 志栄氏講演（10月8日） 10日禹跡行訪日団を京都および淀川の禹王遺跡に植村が案内	4月20日治水神・禹王研究会会報第7号 8月3日治水神・禹王研究会会報第8号 9月18日治水神・禹王研究会会報第9号 10月日本禹王遺跡分布図2017を発行、配布 10月全国禹王サミット in 富士川資料集・見学資料 12月全国禹王サミット in 富士川報告書		124件
2018	3月16日〜5月15日立命館大学歴史都市防災研究所ホールにて企画展示：災害文化遺産　日本の禹王遺跡と治水神・禹王信仰展を同研究所と共催（500名来場） 4月13日第5回治水神・禹王研究会総会研究大会を立命館大学末川記念会館で開催（45名）　歴史都市防災研究所ホールの禹王展示を見学 4月19〜21日紹興市の公祭大禹陵典礼に4名が招待参加する（大脇・水野・植村・竹内）「2018中日大禹文化国際学術シンポジウム」で植村・水野・大脇が発表（通訳：竹内）　紹興市周辺の禹王遺跡を調査 7月14日立命館大学歴史都市防災シンポジウムに禹王展示およびその成果を発表（植村・大邑・片山・谷端） 11月11〜15日台湾の禹王（水仙尊王）と地震記念碑見学旅行（6名）	1月27日治水神・禹王研究会会報第10号 3月16日災害文化遺産日本の禹王遺跡と治水神・禹王信仰展　解説書 4月治水神・禹王研究会誌第5号刊行 6月31日治水神・禹王研究会会報第11号 10月26日治水神・禹王研究会会報12号 11月地理63巻11月号に特集：日本の禹王遺跡と治水神信仰を執筆（植村・谷端・関口・水谷・片山・北原・大邑）	144名	123件
2019	3月30日第6回治水神・禹王研究会総会研究大会を法政大学市ヶ谷キャンパス26階にて開催（78名）王 敏氏、大邑氏講演　大脇 良夫会長退任し、新会長に植村 善博 4月から事務局を京都へ　浅田 京子事務局長退任し、竹内 晶子が就任	4月治水神・禹王研究会誌第6号刊行 6月4日治水神・禹王研究会会報第13号 9月10日治水神・禹王研究会会報第14号 9月14日禹王と治水の地域史　古今書院	161名	126件

西暦	研究活動	出版活動	会員数	遺跡数
2019	4月18〜22日紹興市大禹陵典礼とシンポジウムに招待参加（植村）、湖南省の禹王遺跡と岣嶁碑を呉会員と調査 10月19〜20日第7回禹王サミットを海津市で開催 11月13〜14日四国・岡山禹王巡検の下見旅行	9月企画展木曽三川と禹王信仰展 海津市歴史民俗資料館 10月全国禹王サミット in 海津市資料集・見学資料 12月3日治水神・禹王研究会会報第15号 12月田中丘偶、文命と酒匂川を考える資料集、大脇 良夫		
2020	3月17日第7回治水神・禹王研究会総会はコロナウイルス感染症のため愛知大学開催の中止を決定、総会の議案など郵送して書面総会とする 8月1日カッパ研究会との共催による禹王講演会　京都学歴彩館 8月15日ズームによる第7回禹王遺跡認定委員会開催	1月片品に活きる（宮田 勝自伝） 4月治水神・禹王研究会誌第7号刊行 5月12日治水神・禹王研究会会報第16号 9月15日治水神・禹王研究会会報第17号	154名	145件
2021	3月27日第8回治水神・禹王研究会総会研究大会　ハートピア京都会場とズーム配信併用で開催（会場参加23名、オンライン15名計38名） 3月27日第8回認定委員会開催 創立10周年記念実行委員会発足 5月21日創立10周年記念誌世話人会発足　世話人：大脇、賀川、関口、植村 10月1日東アジア禹跡図編集のため日本禹王遺跡分布図2021を紹興市の浙江越秀外語学院へ提供	1月14日治水神・禹王研究会会報第18号 4月治水神・禹王研究会誌第8号刊行 5月みんなで学ぶ富士山と酒匂川国際版（日・中・英） 5月28日治水神・禹王研究会会報第19号 9月21日治水神・禹王研究会会報第20号	132名	153件
2022	4月日本の禹王遺跡分布図・一覧2022を発行 4月2〜3日第9回治水神・禹王総会研究大会を旭丘高等学校（小田原市）で開催（総会57名、研究大会123名、巡検33名参加）	1月25日治水神・禹王研究会報第21号 4月1日治水神・禹王研究会誌第9号刊行 5月24日治水神・禹王研究会報第22号	137名	165件

資料2　治水神・禹王研究会会則

第1条 (名称) 本会は、治水神・禹王研究会と称する。

第2条 (目的) 本会の目的は、次のとおりとする。

（1）治水神・禹王の遺跡と文化の研究

（2）中国はじめアジア地域の研究団体との研究交流

（3）禹王サミットの支援、共同開催

（4）その他関連する必要な活動

第3条 (事業) 本会は、前条の目的を達成するため次の事業を行う。

（1）治水神・禹王の遺跡と歴史文化に関する研究会の主催

（2）中国はじめアジア地域の研究者および同団体との研究交流

（3）禹王サミットの支援と共同開催

（4）本会の目的達成に関連するその他の活動

第4条 (会員) 会員は第2条の目的に賛同し、会費を納入した者とする。

第5条 (役員) 本会に、次の役員を置く。

会長　1名　　　副会長　若干名

顧問　若干名　　　理事　20名以内　　　監事　2名

　2　会長及び監事は、理事会において選出する。

　3　副会長、理事、顧問は、理事会の推薦をうけたものから会長が委嘱する。

第6条 (役員の職務) 会長は、本会を代表し、会務を総括する。

　2　副会長は、会長を補佐し、会長がその任にあたれない場合は、その職務を代行する。

　3　顧問は、会長の諮問に応ずる。

　4　理事は、本会の運営及び活動方針を協議決定する。

　5　監事は、本会の会計業務及び事業内容を監査する。

第7条 (役員の任期) 役員の任期は2年とし、再任は妨げないものとする。

第8条 (総会) 総会は、会員をもって構成する。

　2　総会は、次の事項を審議し、決定する。

（1）研究会の活動方針と実施に関すること。

（2）予算及び決算に関すること。

（3）会則の改正に関すること。

（4）その他会の運営に関する重要事項。

　3　総会の議事は、委任状を含めた出席者の過半数の同意をもって決し、可否同数のときは、議長の決するところによる。

　4　総会は、会長が招集する。

第9条 (理事会) 理事会は、会長、副会長、理事をもって構成する。

　2　理事会は、次の事項を処理する。

（1）役員の選出に関すること。

（2）本会の運営と活動計画に関すること。

（3）総会に提出する議案に関すること。

（4）その他、会長が認めた重要な事項。

　3　理事会の議事は、委任状を含めた出席者の過半数の同意をもって決し、可否同数のときは、議長の決するところによる。

　4　理事会は、会長が招集し、必要に応じて、電話会議による会議を開催することができる。

第10条 (事務局) 本会は、事業を円滑に行うために事務局を置く。

　2　事務局事務所は会長宅に置く。

　3　事務局は会長が統括する。

　4　経費等の処理については、事務局が会長の承認を得て差配する。

第11条 (経費) 本会の経費は、会費、寄付金及びその他の収入をもって充てる。

第12条 (会費) 本会の会費は、年会費3,000円とする。

第13条 (事業年度) 本会の事業年度は、毎年4月1日に始まり、翌年の3月30日に終わる。

第14条 (雑則) この会則に定めるもののほか、本会の運営に関し必要な事項については、会長が理事会に諮り、細則を設けることが出来る。

附則　この会則は2013年（平成25年）4月1日から施行する。

日本禹王遺跡分布図 2022

2022年1月現在　編集・作成 / 治水神・禹王研究会

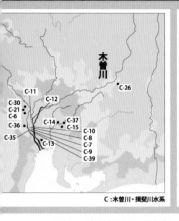

木曽川

C-11　C-26
C-30　C-12
C-21
C-6
C-36　C-14　C-37
C-35　C-15　C-10
C-13　C-8
C-7
C-9
C-39

C：木曽川・揖斐川水系

鬼怒川
B-38　B-20　B-4
B-35　B-41　B-6
B-36　　　B-18
B-17　B-5　B-14
B-42　　　B-19　B-40
B-43　B-9　B-16　利根川
B-13　B-8　B-46
B-31　B-7
B-33　B-49　B-44
酒匂川　B-39
B-37
B-30　B-45　B-11
B-48　B-10
B-32　B-34
B-25　B-34　B-28
B-27　B-23
B-29　B-12　B-23
B-21　B-24
B-22　B-26
B-47

B：利根川・酒匂川水系

日本禹王遺跡南北投影年代グラフ（2022年1月）

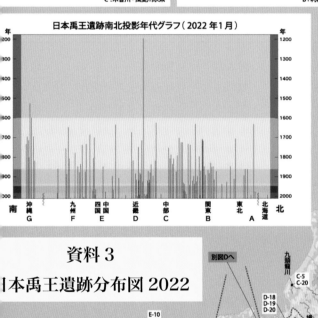

南　沖縄　九州　四国　中国　近畿　中部　関東　東北　北海道　北
G　F　E　D　C　B　A

資料3

日本禹王遺跡分布図 2022

石狩川
A-1
千歳川
A-6
A-7
日本海
太平洋
最上川
A-3
A-4　A-5
A-2　A：北海道・東北
北上川
C-19
信濃川　C-18
C-3　C-17
C-4　阿武隈川　吾妻山
片品川
C-24
B-2
B-3
鬼怒川
B-17　B-15
荒川　B-1
利根川
別図Bへ
B：関東
C-27　C-29
C-28
C-5　C-16
C-20　C-25
木曽川　酒匂川
C-2　天竜川
別図Bへ
富士川
C-26
C-23　C-32 C-33 C-34
C-1　C-38
C-31
B：関東
C：中部
別図Cへ

別図Dへ
九頭竜川
D-18
D-19
D-20
揖斐川
鴨川
桂川　加古川
淀川
大和川
別図Cへ
D：近畿

E：四国・中国
E-10
E-11
E-2
日野川　E-1
E-8　旭川
E-3
E-18
香東川　吉野川
E-9
E-16
E-17
E-14
E-15
E-19　E-4　太田川
E-6　禹余糧山
揖野川
D-13
D-14
E-5
E：四国・中国
F-9
筑後川
F-1　F-12
臼杵川
F-10
F-11
F-2
F-3
F-4
F-7
F-8
F-14
F-13
九州
F-5
F-6
沖縄本島
別図Gへ
G：沖縄

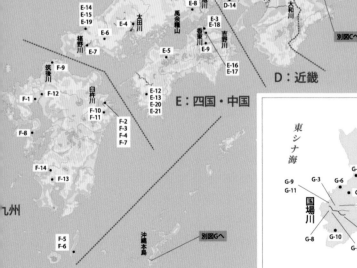

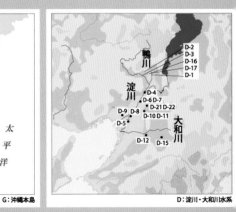

東シナ海
G-9　G-3　G-6　G-13
G-11　　　G-2
国場川　G-1
G-4
G-12
G-8　G-10　G-5　太平洋
G-7

G：沖縄本島

D-2
D-3
鴨川　D-16
D-17
D-1
淀川
D-4
D-6 D-7
D-9　D-8　D-21 D-22
D-5　D-10 D-11
D-12　D-15　大和川

D：淀川・大和川水系

地域別番号	遺跡名称	年代等		所在地	河川名等	通し番号
A-1	禹甸荘碑	1988	昭和	北海道	千歳川水系嶮淵川	1
A-2	川村孫兵衛紀功碑	1897	明治	宮城県	旧北上川	2
A-3	大禹謨	2001	平成	秋田県	子吉川	3
A-4	大町新溝碑	1880	明治	山形県	最上川水系相沢川	4
A-5	大禹之碑	1862	江戸	宮城県	鳴瀬川	5
A-6	禹門	1975	昭和	青森県	堤川	6
A-7	梅津政景彰徳碑	1631	江戸	秋田県	米代川	7
B-1	禹廟	江戸期	江戸	栃木県	鬼怒川	8
B-2	大禹皇帝碑	1874	明治	群馬県	利根川水系片品川	9
B-3	禹王之碑	1919	大正	群馬県	利根川水系泙川	10
B-4	大禹像碑	1849	江戸	埼玉県	江戸川	11
B-5	文命聖廟	1708	江戸	埼玉県	元荒川	12
B-6	船橋随庵水土功績之碑	1895	明治	千葉県	江戸川	13
B-7	古市公威像	1937	昭和	東京都	隅田川	14
B-8	大禹像画（歴聖大儒像）	1632	江戸	東京都	隅田川	
					（東京国立博物館）	15
B-9	人力車発明紀念碑	1891	明治	東京都	隅田川	16
B-10	西田明則君之碑	1923	大正	神奈川県	東京湾	17
B-11	河村君墓碣銘並序	1721	江戸	神奈川県	滑川水系扇川	18
B-12	文命東堤碑・文命宮	1726	江戸	神奈川県	酒匂川	19
B-13	文命西堤碑・文命宮	1726	江戸	神奈川県	酒匂川	20
B-14	神浦堤成績碑	1870	明治	茨城県	利根川水系小貝川	21
B-15	導水遺蹟碑	1806	江戸	栃木県	小貝川支流野元川	23
B-16	幸田露伴文学碑	1990	平成	東京都	江戸川	24
B-17	新渠之碑	1867	江戸	埼玉県	旧利根川	24
B-18	高須堤防築堤回向碑	1826	江戸	茨城県	霞ヶ浦	25
B-19	小久保喜七君頌徳之碑	1926	大正	茨城県	利根川	26
B-20	渡良瀬川治水紀功碑	1926	大正	茨城県	渡良瀬川	27
B-21	堤記碑	1726	江戸	神奈川県	酒匂川	28
B-22	文命御宝前（手洗鉢・東堤）	1727	江戸	神奈川県	酒匂川	29
B-23	文命大明神御宝前（東堤）	1727	江戸	神奈川県	酒匂川	30
B-24	奉再建文命社御宝前(東堤)	1807	江戸	神奈川県	酒匂川	31
B-25	文命橋	1931	昭和	神奈川県	酒匂川	32

B-26	文命用水之碑	1936	昭和	神奈川県	酒匂川	33
B-27	文命隧道（扁額）	1933	昭和	神奈川県	酒匂川	34
B-28	開成町立文命中学校	1947	昭和	神奈川県	酒匂川	35
B-29	新文命橋（文命隧道出口）	1971	昭和	神奈川県	酒匂川	36
B-30	文命橋（文命隧道入口）	1983	昭和	神奈川県	酒匂川	37
B-31	文命大明神（手洗鉢・西堤）	1727	江戸	神奈川県	酒匂川	38
B-32	文命堤床止工	1971	昭和	神奈川県	酒匂川	39
B-33	震災復旧記念碑（西堤）	1926	大正	神奈川県	酒匂川	40
B-34	文命用水放水門	1930年代	昭和	神奈川県	酒匂川	41
B-35	備前渠再興記碑	1833	江戸	埼玉県	利根川	42
B-36	東漸寺山門棟札（現存せず）	1743	江戸	埼玉県	荒川	43
B-37	酒匂川左岸用水完成碑	1970	昭和	神奈川県	酒匂川	44
B-38	備前渠再興記碑(新碑)	1994	平成	埼玉県	利根川	45
B-39	酒匂川用水之碑	1937	昭和	神奈川県	酒匂川	46
B-40	禹歩行図	2000頃	平成	茨城県	利根川	47
B-41	雷神碑	1848	江戸	群馬県	板倉川	48
B-42	田中丘隅回向墓碑	1729	江戸	東京都	平井川	49
B-43	田中丘隅回向墓碑復刻碑	2003	平成	東京都	平井川	50
B-44	田中氏碣銘	1730	江戸	東京都	多摩川	51
B-45	岡崎文吉墓碑	1944	昭和	神奈川県	相模川	52
B-46	警視総監三島君神道碑	1889	明治	東京都	目黒川	53
B-47	文命幟旗	1726頃	江戸	神奈川県	酒匂川	54
B-48	篆書千字文屏風	2010	平成	神奈川県	相模川	55
B-49	記念鐙	1921	大正	東京都	藍染川	56
B-50	酒匂川伏越工事之銘	1935	昭和	神奈川県	酒匂川	57

C-1	富士水碑	1797	江戸	山梨県	富士川	58
C-2	禹余堤・禹余石	1752	江戸	長野県	天竜川	59
C-3	句仏上人句碑	1928	昭和	新潟県	信濃川大河津分水路	60
C-4	砂防記念碑	1936	昭和	新潟県	魚野川水系鎌倉沢川	61
C-5	九頭龍川修治碑	1912	明治	福井県	足羽川	62
C-6	和田光重之碑	1879	明治	岐阜県	牧田川	63
C-7	禹王木像	1838	江戸	岐阜県	大江川	64
C-8	禹王像画掛軸	1838	江戸	岐阜県	大江川	65
C-9	禹王さん　灯籠	江戸後期	江戸	岐阜県	揖斐川	66
C-10	大禹王尊掛軸	江戸後期	江戸	岐阜県	長良川	67
C-11	禹功（闇）門	1903	明治	岐阜県	大榑川	68
C-12	大榑川水門改築紀念碑	1954	昭和	岐阜県	大榑川	69
C-13	禹功徳利	1900	明治	愛知県	木曽川	70
C-14	水埜土惇君治水碑	1819	江戸	愛知県	庄内川水系新川	71

C-15	禹金像	1629	江戸	愛知県	庄内川（徳川美術館）	72
C-16	大塚邑水路新造碑	1797	江戸	山梨県	笛吹川	73
C-17	加治川治水碑	1913	大正	新潟県	加治川	74
C-18	禹泉用水	1716〜1735	江戸	新潟県	加治川水系板山川	75
C-19	岸本君治水碑	1856	江戸	新潟県	国府川水系大野川	76
C-20	足羽宮之碑	1830	江戸	福井県	足羽川	77
C-21	金森吉次郎翁寿像記	1923	大正	岐阜県	揖斐川水系水門川	78
C-22	大禹讃	2004	平成	三重県	木津川水系服部川	79
C-23	大川三島神社拝殿天井漢詩	1853	江戸	静岡県	大川川	80
C-24	関田嶺修路碑	1849	江戸	新潟県	別所川	81
C-25	禹之瀬河道整正事業竣功の碑	1995	平成	山梨県	富士川	82
C-26	地平天成碑　副碑	1997	平成	岐阜県	木曽川水系四ツ目川	83
C-27	大聖禹王廟碑	1809	江戸	長野県	天竜川	84
C-28	天流功業義公明神碑	1809	江戸	長野県	天竜川	85
C-29	大窪邨中邨氏墾田碣記	1792	江戸	長野県	天竜川	86
C-30	金森吉次郎墓碑	1930	昭和	岐阜県	揖斐川水系水門川	87
C-31	禹之瀬開削記念碑	2008	平成	山梨県	富士川	88
C-32	孔子廟堂之碑	1994	平成	山梨県	笛吹川	89
C-33	九成宮禮泉銘碑	1994	平成	山梨県	笛吹川	90
C-34	尚書大禹讃石板	1994	平成	山梨県	笛吹川	91
C-35	大禹尊像（磁器）	1853	江戸	岐阜県	大江川	92
C-36	松平義建墓碑	1863	江戸	岐阜県	揖斐川	93
C-37	禹歩跡板	2005年頃	平成	愛知県	矢田川	94
C-38	禹神絵馬	2016	平成	静岡県	大川川	95
C-39	大禹尊像鳥居（現存せず）	1986	昭和	岐阜県	大江川	96
C-40	智永真草千字文	1994	平成	山梨県	笛吹川	97
C-41	篆隷千字文	1994	平成	山梨県	笛吹川	98
D-1	夏禹廟　（現存せず）	1228	鎌倉	京都府	鴨川	99
D-2	大禹戒酒防微図　（襖絵）	1709	江戸	京都府	鴨川	100
D-3	黄檗高泉詩碑	1925	大正	京都府	桂川	101
D-4	夏大禹聖王碑	1719	江戸	大阪府	淀川	102
D-5	澱河洪水紀念碑銘	1886	明治	大阪府	淀川水系大川	103
D-6	修堤碑	1886	明治	大阪府	淀川	104
D-7	明治戊辰唐崎築堤碑	1890	明治	大阪府	淀川	105
D-8	淀川改修紀功碑	1909	明治	大阪府	淀川	106
D-9	島道悦墓碑	1674	江戸	大阪府	淀川水系旧中津川	107
D-10	大橋房太郎君紀功碑	1923	大正	大阪府	寝屋川	108
D-11	治水翁碑	1923	大正	大阪府	寝屋川	109
D-12	小禹廟	1753	江戸	大阪府	大和川	110

2022年4月2日　治水神・禹王研究会禹王遺跡認定委員会編

編 集 後 記

◆きのう、中国から日韓禹王遺跡図が送られてきた。先月には中国禹跡図が届けられた。これで東アジア禹王遺跡分布図がそろったことになる。2017年富士川町での禹王サミットに参加された紹興市の邱 志栄氏らはわれわれが発行した日本禹王遺跡分布図2017に強く感動、帰国後ただちにこれをモデルにして紹興禹跡図（2018）、浙江禹跡図（2019）を相次いで編集、発行された。そして、2022年4月には中国禹王遺跡図を完成された。われわれがおよそ10年かけみんなで調べて作った遺跡分布図が中国研究者に大きな刺激を与え、国際交流の成果を生み出したといえるでしょう。

さて、本会の創立10周年記念誌が完成しました。これも会を支えて下さった会員の皆さんのご支援の賜物です。お礼申し上げます。

2008年9月に大邑君と一緒に酒匂川を大脇 良夫氏に案内してもらったのが始まりでした。あれから14年、色んなことがありましたが、失望や悲しみを感じたことは一度もありません。みんなが力を合わせて前向きに進んできたせいだと思います。10周年記念誌を通じて、楽しくクリエイティブな活動をという精神をつぎの世代に伝えたい、引き継いでほしい。これだけを願っています。編集に協力頂いた世話人会の皆さんに心からお礼申し上げます。（植村 善博）

◆2022年3月で81歳になった。65歳の時、妻が病で先立つ。78歳の時、完治せぬ病を得たのですがまだ大きな支障は無い。禹王研究に関わることで知的興味や視座、知己が拡がり急な老衰を和らげてくれてるのかも。痛快なことが数多くあったから。

僕を禹王研究に駆り立てるイベントが65歳から3年連続で巡る。①露木 順一氏、関口 康弘氏らと「足柄の歴史再発見クラブ」で活動中の2006年秋「文命＝禹王である」ことを決定づける複数文書に遭遇、②2007年秋、札幌の古書店「絵葉書まつり（段ボールから500円で手掴み）」で「相州松田名所　酒匂川上流堤防文命碑」を探り当てた偶然、③2008年秋、酒匂川で植村 善博先生に出会った不思議。3つの大きな好運に恵まれた。

その植村先生や中国の邱 志栄先生らのお陰で、多分近いうちに世界規模での禹王文化研究が実現し民間ベースでの東アジア友好平和に聊かでも寄与すること

でありましょう。そして、その先どんなゴールが待っているのでしょうか。欲張らず、ほどほどのペースで見守りたいと思います。（大脇 良夫）

◆最近、神奈川県西部の関東大震災遺跡について見直しをおこなっている。震災からすでに99年、地元にはさすがに現況を残すものはほとんどないが、被災状況やその後の復興を示す碑が数多く存在している。震災の記憶をリアルタイムで知らせる遺跡である。当時の人々が強い意志を持って文を刻み、碑を建立したのである。これが残っているからこそ、多様な情報と震災を捉え直すきっかけを、今に生きる私たちに与えてくれている。震災を探求し考察する際の道しるべである。私は本書「10周年記念誌」はかくあるべき、と思っている。治水神・禹王研究会が立ち上がり、全国の禹王遺跡探究と考察が深まるとともに仲間が増えてきた。このこと、ここまでの紆余曲折をまとめておくことは大変重要なことと思う。我々の活動の記録を整理し系統だてて残すことは、治水神禹王研究を後世につなげる必須な作業であろう。会員の皆さんはもとより、多くの方々にお読みいただければ幸いである。（関口 康弘）

◆禹という字すら読めなかった私が、人生の秋に差し掛かり未知の世界に踏み出した。第1回中国ツアーには、中国行きを夢見ていた母と亡き夫と共に参加した（2014年秋に逝った督明は広島サミットのことをずっと気にかけていたことを追記したい）。宮田 勝さんをはじめとする片品村の皆さんとのご縁。千明 金造前村長と木下 浩美前副村長には、思いもかけない経験をさせていただいた。植村 善博先生は新たな視座を与えてくれる地理の魅力を、蜂屋 邦夫先生は中国思想の面白さを教えてくださり、蒙を啓かれた。そして、蟻地獄のような大脇 良夫ワールドにハマり、所縁（ゆかり）の土地に出向くたび、一つとして同じものがないローカリティと、通奏低音で紡がれた原理を痛感。禹は、見ていなかったものを浮かび上がらせ、人生を豊かにしてくれた。感謝。（賀川一枝）

治水神・禹王研究会の発行物

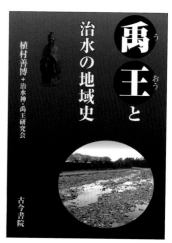

『治水神禹王をたずねる旅』

大脇 良夫・植村 善博編

（人文書院 2013）

『特集日本の禹王遺跡と
治水神信仰』

治水神・禹王研究会会員共著

（地理 63 巻 11 月号 2018）

『禹王と治水の地域史』

植村 善博　治水神・禹王研究会

（古今書院 2019）

治水神・禹王探求の 10 年　－治水神・禹王研究会創立 10 周年記念誌－

2022 年 7 月 6 日　第 1 刷発行

編　者　　創立 10 周年記念誌世話人会
発行者　　黒川 美富子
発行所　　図書出版　文理閣
　　　　　京都市下京区七条河原町西南角　600-8146
　　　　　電話（075）351-7553　FAX（075）351-7560
　　　　　http://www.bunrikaku.com/